MIEUX GÉRER
SES FINANCES
PERSONNELLES

Collection «Business»

Dans la même collection

ROBERT PARTHENAIS

MIEUX GÉRER SES FINANCES PERSONNELLES

Comment tirer son épingle du jeu en période de décroissance

Les Éditions
LOGIQUES

LOGIQUES est une maison d'édition reconnue par les organismes d'État responsables de la culture et des communications.

Révision linguistique: France Lafuste, Claire Morasse
Illustrations: Karine Filion
Mise en pages: Édiscript enr.
Graphisme de la couverture: Christian Campana

Distribution au Canada:
Logidisque inc., 1225, rue de Condé, Montréal (Québec) H3K 2E4
Téléphone: (514) 933-2225 • Télécopieur: (514) 933-2182

Distribution en France:
Librairie du Québec, 30, rue Gay Lussac, 75005 Paris
Téléphone: (33) 1 43 54 49 02 • Télécopieur: (33) 1 43 54 39 15

Distribution en Belgique:
Diffusion Vander, avenue des Volontaires, 321, B-1150 Bruxelles
Téléphone: (32-2) 762-9804 • Télécopieur: (32-2) 762-0662

Distribution en Suisse:
Diffusion Transat s.a., route des Jeunes, 4 ter C.P. 1210, 1211 Genève 26
Téléphone: (022) 342-7740 • Télécopieur: (022) 343-4646

Les Éditions LOGIQUES
1247, rue de Condé, Montréal (Québec) H3K 2E4
Téléphone: (514) 933-2225 • Télécopieur: (514) 933-3949

Les Éditions LOGIQUES / Bureau de Paris, 110, rue du Bac, 75007 Paris
Téléphone: (33) 1 42 84 14 52 • Télécopieur: (33) 1 45 48 80 16

Mieux gérer ses finances personnelles

Dépôt légal: Troisième trimestre 1996
Bibliothèque nationale du Québec
Bibliothèque nationale du Canada

ISBN 2-89381-370-4
LX-452

Je dédie cet ouvrage à mes enfants Pascal et Frédéric. Même si j'ai cherché comme père à transmettre à mes fils les valeurs qui me sont chères, il reste toujours certains vides qui n'ont pu être comblés.

Je souhaite que ce livre puisse leur apporter un complément dans leur façon d'établir leur rapport avec les questions d'argent.

Papa

Voici un livre sur la gestion des finances personnelles, un livre simple, clair, accessible, à saveur humaine. Une œuvre à l'image de son auteur.

Robert Parthenais est l'un des bons conseillers financiers que je connais. Il propose une démarche articulée de mise en ordre et de prise en charge de ses finances personnelles. Plus que la méthode, ce sont les valeurs et les attitudes que communique Robert Parthenais qui font grandir ses clients. Elles les amènent à prendre conscience de leur rapport avec l'argent, à prendre le contrôle des aspects matériels de leur évolution et à développer dans le processus une meilleure estime d'eux-mêmes. En effet, bien gérer son argent, c'est respecter le fruit de son travail, reconnaître son importance et se donner sécurité, confort, plaisir et rayonnement.

Ce livre est un outil pédagogique bien conçu et extrêmement utile. Je remercie Robert d'avoir eu la générosité de le partager et de le diffuser.

Nicole Côté D., Ps.

Après avoir évolué pendant plus de vingt-cinq ans dans le domaine des finances personnelles, j'ai voulu partager mon expérience et mes connaissances avec le grand public. Je constate depuis plusieurs années un accroissement important du taux d'endettement des particuliers et par conséquent une diminution du taux d'épargne. Il est superflu de faire état de la nouvelle conjoncture économique au Québec; pour presque tous, il est maintenant évident que l'époque de l'État providence est terminée. Cependant, alors que certaines personnes continuent de s'endetter dans l'inconscience, d'autres cherchent désespérément des moyens de s'en sortir.

J'ai entendu fréquemment des professionnels de la relation d'aide ou des aidants naturels me faire part du fait que les gens consultent très rarement lorsqu'ils éprouvent des difficultés financières. Nous avons souvent des discussions animées sur des sujets intimes, mais nous abordons très rarement les questions d'argent. Lors d'un échange dans un groupe de parole composé uniquement d'hommes, un participant me faisait le commentaire suivant: «Parler de mes problèmes financiers, c'est un peu comme avouer que je ne suis pas un vrai homme». Le silence que l'on constate n'est pas uniquement l'apanage des hommes, bien que les femmes semblent en général éprouver moins de difficulté à demander de l'aide pour des questions d'argent.

Si vous désirez atteindre vos objectifs financiers, il est important que vous viviez selon vos moyens et que vous vous donniez un cadre pour une gestion efficace. La bonne volonté et les bonnes intentions ne suffisent plus. Il faut désormais s'encadrer avec des outils de gestion et un minimum de connaissances de base. Ce livre se veut davantage un ouvrage de base sur la gestion des finances personnelles que sur la planification financière. Il s'adresse plus particulièrement aux gens de la classe moyenne, quoiqu'il puisse rendre de précieux services à des personnes appartenant à d'autres catégories socio-économiques.

Dans ce livre, j'ai donc cherché à aborder le sujet des finances personnelles de façon simple et pratique en traitant les volets qui m'apparaissaient fondamentaux.

Si vous détestez la paperasse…

Si vous n'épargnez pas ou très peu…

Si vous éprouvez de la difficulté à gérer efficacement vos affaires…

Si vous vivez au-dessus de vos moyens…

Si vous êtes endetté…

Si vous désirez atteindre vos objectifs financiers…

Continuez la lecture de ce livre, car il est conçu pour vous.

CHAPITRE 1

L'ÊTRE HUMAIN ET L'ARGENT

Notre rapport avec l'argent

S'il y a un sujet que nous évitons d'aborder en profondeur, c'est bien souvent celui qui se rapporte aux questions d'argent. Depuis plus de huit ans, je travaille à titre de consultant avec des individus et des couples qui éprouvent des problèmes d'endettement et il n'est pas rare que ces personnes me consultent in extremis.

Pourquoi attendre à la dernière minute pour consulter? Eh bien, peut-être parce que, dans notre culture, l'argent occupe une place si importante qu'il est presque gênant d'en manquer. Lorsque nous éprouvons des problèmes d'endettement, très souvent nous les gardons pour nous et hésitons à les partager avec des personnes ressources compétentes. J'ai constaté que la difficulté de demander de l'aide est davantage présente chez les hommes, car, pour ceux-ci, avoir des problèmes d'argent et l'avouer, c'est un peu comme s'ils perdaient leur masculinité. Un de mes clients m'a déjà fait cette confidence: « Si j'avoue avoir des problèmes d'argent, c'est comme si je n'étais plus un bon chasseur, et si je ne suis plus un bon chasseur, c'est comme si je perdais une bonne partie de ma masculinité.»

Enfin, je ne suis ni psychologue ni spécialiste des émotions, mais je vous encourage dans certains cas à consulter un thérapeute afin de clarifier vos rapports avec l'argent si, surtout par le passé, vous avez fait une ou plusieurs faillites.

Dans ce chapitre, nous essaierons de mieux comprendre votre comportement de consommateur et vous verrez comment arriver à réaliser vos projets les plus chers. Je vous proposerai également une évaluation de vos habiletés en tant que gestionnaire.

Le consommateur

Pourquoi consommons-nous?

Ce n'est pas d'aujourd'hui que les gens consomment. Le seul fait d'exister oblige à répondre à des besoins physiologiques: boire, manger, dormir, se vêtir, se loger. Ces besoins sont présents et sont les mêmes chez tous les individus sans exception. Ils varient toutefois en fonction de l'intensité des émotions vécues par l'être humain ainsi que du type de société de consommation où il vit. De plus, les façons de satisfaire ces besoins varient considérablement.

La satisfaction des besoins essentiels (limités)

Nous consommons pour satisfaire des besoins essentiels et limités tels que:

· logement
· nourriture
· habillement
· transport

La satisfaction des désirs accessoires (illimités)

Nous consommons aussi pour combler des désirs qui eux sont illimités. Ces derniers croissent au fur et à mesure que nos revenus augmentent ou que nous avons accès au crédit. Si nos besoins de base sont essentiels, nos désirs eux sont accessoires. Une des difficultés à laquelle nous sommes confrontés consiste à faire constamment la différence entre l'essentiel et l'accessoire.

Si nous avons faim, avons-nous vraiment besoin d'aller au restaurant?

Si nous avons froid, est-ce vraiment d'un manteau de fourrure dont nous avons besoin?

Si nous devons nous déplacer pour notre travail, est-ce un véhicule 4 x 4 qui comblera notre besoin?

La pyramide des besoins de Maslow

Avant de vous doter de quelque système que ce soit afin de gérer plus efficacement vos ressources financières, il est important que vous appreniez à mieux connaître votre comportement de consommateur. Cela peut vous permettre dans une certaine mesure de réagir différemment lors de décisions de consommation.

Comme nous sommes des êtres de raison et de sentiments et que nous ressentons tous des émotions qui divergent en fréquence et en intensité, il n'est pas rare que ces dernières soient souvent canalisées vers la consommation de biens et de services. Dans beaucoup de situations, il en résulte une surconsommation et conséquemment un endettement élevé.

Mon intention n'est pas de vous exposer un essai sur la psychologie du consommateur, mais je crois intéressant à ce moment-ci de vous présenter la théorie des besoins d'Abraham Maslow, psychologue américain. Selon ce psychologue de renommée internationale, nous avons tous, en tant qu'êtres humains, un ensemble de besoins qui demandent à être satisfaits. Ceux-ci sont de deux niveaux: les besoins physiologiques et les besoins psychologiques.

Figure 1
Pyramide des besoins de Maslow

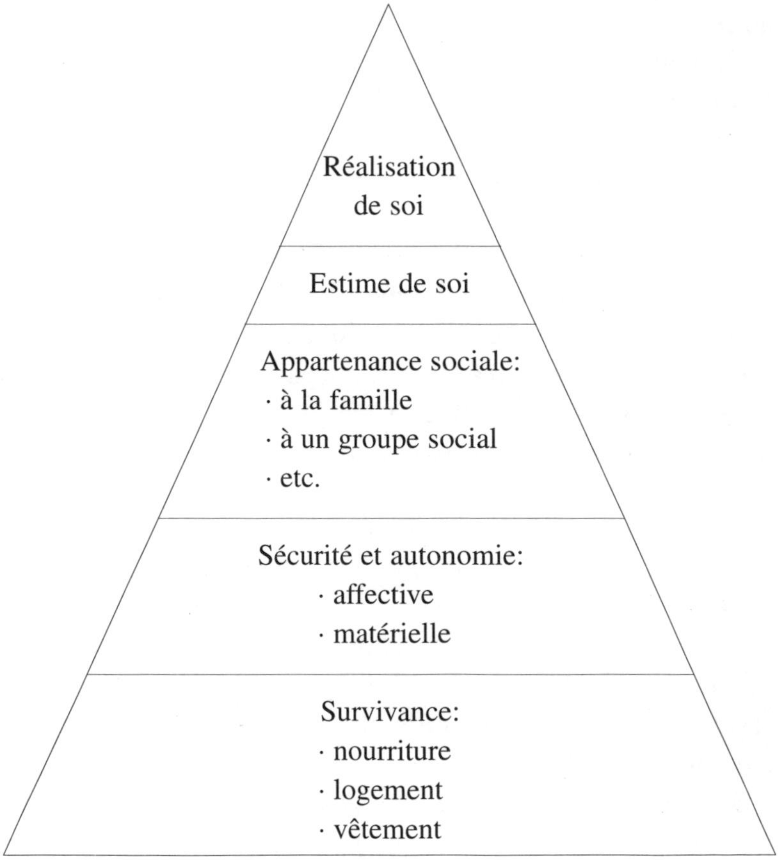

Réalisation
de soi

Estime de soi

Appartenance sociale:
· à la famille
· à un groupe social
· etc.

Sécurité et autonomie:
· affective
· matérielle

Survivance:
· nourriture
· logement
· vêtement

La hiérarchie des besoins de Maslow peut nous aider à mieux comprendre nos comportements de consommateurs. À partir des différents niveaux de besoins décrits à l'intérieur de la pyramide, nous vous suggérons d'amorcer une réflexion sur votre mode de consommation tout en identifiant l'influence des émotions non gérées sur vos décisions d'achat.

Voici quelques exemples:
- J'achète souvent des cadeaux pour me faire aimer parce que j'ai un besoin absolu d'approbation de l'être cher (besoin d'amour);
- Je m'achète souvent des vêtements très dispendieux pour me valoriser parce que j'ai un besoin absolu d'approbation de mes compagnons de travail (besoin d'appartenance sociale);
- J'éprouve la nécessité de défrayer le coût des consommations chaque fois que j'effectue une sortie avec mes compagnons de travail (estime de soi).

Les comportements du consommateur

En tant qu'êtres humains, nos actions sont influencées par la raison et les émotions. Il en va de même pour tout ce qui touche notre consommation. La prise de conscience des désirs qui guident aveuglément nos comportements de consommateurs nous permettra d'effectuer un meilleur contrôle sur notre mode de consommation et d'atteindre nos objectifs véritables. Grâce à cette prise de conscience, nous ne laisserons plus les motivations inconscientes et irrationnelles guider notre vie.

Nos comportements émotifs

Nous sommes des êtres d'émotions. Cette dimension de nous-mêmes influence sans cesse nos choix et nos comportements, mais nous en sommes rarement conscients. Si nous laissons les forces irrationnelles prendre toute la place sans faire intervenir la raison, nos émotions négatives non gérées perturberont notre mode de consommation et nous conduiront très rapidement vers un endettement dramatique.

Nos comportements rationnels

Pour empêcher nos émotions négatives de prendre toute la place, il est nécessaire d'en être conscient et de pouvoir prendre une distance par rapport à celles-ci. Ce faisant, nous pouvons mieux maîtriser nos émotions et nous nous laissons moins gouverner par des forces inconscientes. Ainsi, nous pouvons décider en toute conscience de ce qui a de la valeur à nos yeux et de ce que nous voulons privilégier dans notre vie.

L'être de raison est un être capable de faire des choix. C'est en faisant des choix conscients dictés par sa raison plutôt que des choix inconscients dictés par ses émotions négatives et également grâce à une saine consommation et une bonne gestion budgétaire qu'il peut réaliser ses rêves.

Avant d'effectuer un achat important, vous devrez toujours chercher à savoir ce que vous voulez vraiment obtenir. S'agit-il d'un achat impulsif destiné à combler un manque, à dissiper l'ennui, à augmenter votre estime de vous-même ou au contraire s'agit-il d'un achat qui correspond à un choix conscient et qui contribue à vous rapprocher de ce que vous voulez vraiment?

L'endettement

Beaucoup de consommateurs se perdent au jeu de combler leurs besoins affectifs par des achats impulsifs. Ce comportement conduit tout droit à l'endettement. Depuis la promulgation en 1967 de la Loi sur les banques, les consommateurs n'ont cessé d'accroître leur taux d'endettement. Selon des données en provenance du ministère de l'Industrie et du Commerce, le taux d'endettement du consommateur québécois atteignait près de 68 % du revenu disponible en 1992 (figure 2). Au cours de la même année, le taux d'endettement des ménages canadiens atteignait, selon la Banque du Canada,

Figure 2
Taux d'endettement du consommateur *
Québec, 1981-1992

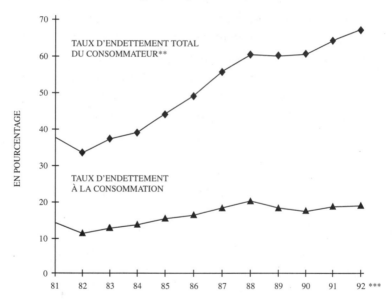

* En pourcentage du revenu personnel disponible.
** Le taux d'endettement total comprend les prêts hypothécaires résidentiels et les prêts à la consommation.
*** Sur une base annuelle désaisonnalisée (2 trimestres).
Source: ministère de l'Industrie et du Commerce, B.S.Q.

près de 78 % du revenu disponible. Nous entendons par revenu disponible, le revenu brut des ménages moins les impôts des particuliers payés aux deux paliers de gouvernement.

Plus on en a, plus on en veut

Tout dans notre société nous pousse à en vouloir toujours davantage: centres commerciaux éblouissants, publicité, facilité de paiement avec les cartes de crédit et les paiements directs, etc.

Nos parents ou encore nos grands-parents, même s'ils avaient eux aussi des rêves, savaient bien que leurs ressources étaient limitées. Ils le traduisaient par des expressions que nous utilisons encore: «Vivre selon ses moyens», «Ne pas mettre la charrue devant les bœufs» ou bien encore, «Ne pas vendre la peau de l'ours avant de l'avoir tué».

Comme notre société de consommation a rendu de plus en plus facile l'accès au crédit, nous oublions parfois cette réalité toute simple que nos désirs sont illimités alors que nos ressources financières, elles, sont limitées.

Figure 3
Ressources financières et désirs

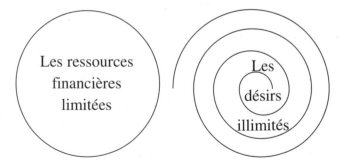

N'est-il pas frustrant de devoir se rendre à l'évidence qu'à l'exemple de nos gouvernements nous avons peut-être eu tendance à vivre au-dessus de nos moyens, en oubliant la limite de nos ressources financières?

Si nous ne parvenons pas à dominer nos comportements émotifs face à l'argent, nous continuerons d'hypothéquer notre futur sur les plans financier et psychologique.

Pour prendre le contrôle de notre vie, pour demeurer maîtres de nos choix, nous devons chercher à élever davantage notre niveau de conscience et à nous doter de moyens concrets afin de mieux contrôler nos dépenses.

La formule gagnante

Quand vous commencez à vous inquiéter de votre situation financière, c'est généralement parce que vous avez géré votre argent selon la formule suivante:

$$REVENUS = CRÉDIT + CONSOMMATION$$

En somme, vous dépensez jusqu'à ce que votre limite de crédit soit atteinte, voire jusqu'à la faillite.

Pour jouir un jour de l'indépendance financière ou pour redresser une situation financière boiteuse, il est essentiel d'utiliser la formule ci-dessous:

$$REVENUS = ÉPARGNE + CONSOMMATION$$

Comme vous l'avez vu précédemment, il faut que la raison prenne le contrôle; mais cela n'est pas possible tant que vos émotions continuent de vouloir dominer. Pour aider votre raison à prendre les commandes de vos choix de vie, il est essentiel de tenir compte des informations que vous donnent vos sentiments: *qu'est-ce que j'aime dans la vie?* Qu'est-ce qui me fait plaisir? Qu'est-ce que je n'aime pas? Qu'est-ce qui me fait peur? Une fois que vous avez pris conscience de ce qui vous fait agir, demandez-vous: qu'est-ce que je veux vraiment? Une fois que vous vous êtes fixé un objectif que vous souhaitez de tout votre être (rationnel et émotionnel), il est temps de faire intervenir la raison afin d'en déterminer la valeur et de le traduire le plus concrètement possible en termes matériels et financiers.

Pour atteindre vos objectifs de croissance, vous devez les transformer en matière d'épargne et les intégrer dans votre planification budgétaire.

Pour jouer gagnant, il est important de retenir la formule:

REVENUS = ÉPARGNE + CONSOMMATION

c'est-à-dire commencer par économiser l'argent qui vous permettra de réaliser vos rêves et de vous doter d'un système efficace pour gérer vos dépenses de consommation.

L'importance de faire des choix

«Mais… je n'ai pas le choix, ça me prend ça, je ne peux pas couper ici». J'entends fréquemment cette phrase de la part de mes clients lorsque je procède à une restructuration budgétaire et que je dois les aider à réduire plusieurs postes budgétaires.

De nos jours, les consommateurs sont de plus en plus confrontés à l'importance d'établir des priorités. Pour plusieurs ménages, la période d'abondance tire à sa fin. Dans bien des cas, il n'est plus possible de demeurer dans une résidence luxueuse, de changer son véhicule tous les deux ans, de maintenir une garde-robe à la fine pointe de la mode et d'effectuer son voyage annuel dans le Sud. *Désormais, nous n'avons plus le choix de ne pas faire de choix.*

À défaut de faire les choix qui s'imposent, vous risquez non seulement de ne plus avoir de croissance financière, mais bien de vous retrouver dans une situation économique précaire qui risque de vous conduire à un endettement chronique.

L'importance de gérer ses émotions et de rationaliser sa consommation

Une des meilleures façons d'éviter la surconsommation consiste à mieux gérer ses émotions. Une fois que vous avez bien identifié les émotions qui vous font consommer, vous pouvez mieux les contrôler et les canaliser vers d'autres activités comme la marche, la course, la natation, la lecture d'un bon livre, le cinéma et j'en passe… Si vous désirez atteindre vos objectifs les plus chers, il vous faut faire un effort de rationalisation pour une partie importante de vos achats.

Voici quelques questions auxquelles vous devriez répondre avant de procéder à un achat important:

· Est-ce que cette dépense est d'une absolue nécessité?
· Est-ce que cela changerait quelque chose à ma vie si j'abandonnais l'idée de cet achat?
· Y a-t-il d'autres possibilités à envisager?
· Puis-je remettre cette décision d'achat à plus tard sans trop subir de préjudice?

Bien sûr, vous aurez de temps à autre le goût de vous payer quelques folies. Alors, pourquoi ne pas établir un poste budgétaire strictement pour vos folies? Mais attention, vous devrez «FAIRE DES CHOIX», car vous ne pourrez satisfaire vos folies et maintenir indéfiniment le même niveau de consommation pour vos autres dépenses.

«Je pense, donc je suis»
Descartes

«Je dépense, donc je fuis»
Robert Parthenais

Auto-évaluation par les lecteurs

Dans le but de connaître vos habiletés de gestionnaire, je vous propose de faire le test ci-dessous. Pour que le résultat soit concluant, vous devez y consacrer 50 secondes, pas plus.

Test sur mes compétences de gestionnaire

NON OUI

1. J'utilise un système de gestion budgétaire simple et efficace. ☑ ☐

2. Une fois par année, je planifie l'allocation de mes ressources financières pour la prochaine année. ☑ ☐
   (Revenus = épargne + consommation)

3. Lorsque je planifie l'allocation de mes ressources, je prévois un minimum de 10 % de mon revenu brut pour l'épargne. ☑ ☐

4. J'effectue régulièrement un contrôle sur mes dépenses en tenant compte de ma planification initiale. ☐ ☑

5. Je gère toujours mes émotions lorsque j'effectue des achats importants. ☐ ☑

6. Je n'ai aucune difficulté à payer mes impôts et je ne m'endette pas envers le fisc. ☑ ☐

7. J'ai un fonds de roulement qui représente l'équivalent d'une fois mon revenu net mensuel. ☑ ☐

8. J'ai un fonds d'urgence qui représente l'équivalent d'une fois à deux fois mon revenu net mensuel. ☑ ☐

9. Je connais mon taux d'endettement (A.T.D.)[1] et je le contrôle très bien. ☑ ☐

10. Je fais mon bilan personnel une fois par année. ☐ ☑

1. Amortissement de la dette.

Évaluation des résultats

9 et plus Félicitations, vous êtes un as de la gestion. La lecture de ce livre vous aidera à faciliter votre tâche quotidienne.

7 et 8 Vous vous en tirez bien, mais avec les suggestions que vous trouverez en poursuivant votre lecture, vous deviendrez excellent.

5 et 6 Décidément, la gestion n'est pas votre fort; ne vous découragez pas, avec un peu de volonté, si vous poursuivez attentivement la lecture, vous pourrez grandement vous améliorer.

4 et moins La gestion vous «pue au nez»! Vous avez deux choix: vous abandonnez immédiatement la lecture de ce livre ou vous vous demandez s'il y a quelque chose que vous voulez beaucoup dans la vie et qui pourrait vous motiver à repenser votre façon de gérer votre argent. Si vous avez

4 et moins
(suite)

décidé de mieux gérer votre argent, la moitié du chemin est fait. Poursuivez la lecture de cet ouvrage et vous y trouverez des moyens concrets d'atteindre votre objectif.

Points importants à retenir et/ou tâches à accomplir:

· Une des difficultés à laquelle vous êtes confronté consiste à faire constamment la différence entre les besoins essentiels et les besoins accessoires.

· Selon Abraham Maslow, nous avons deux niveaux de besoins: les besoins physiologiques et les besoins psychologiques.

· En tant qu'être humain, vos actions sont influencées par la raison et par les émotions. Il en est de même pour tout ce qui touche votre consommation.

· Les comportements rationnels sont garants d'une saine consommation et facilitent une bonne gestion budgétaire tout en évitant l'endettement.

· Vos désirs sont illimités tandis que vos ressources sont limitées.

· La rationalisation de vos comportements de consommateur et l'utilisation d'outils efficaces de gestion sont de bons moyens pour éviter l'endettement.

· En l'absence de tout système de gestion efficace de l'épargne et des dépenses, vous risquez fort de vous retrouver avec la formule perdante.

· Si vous faites partie de la majorité des gens pour qui il est difficile d'accroître constamment leurs revenus, il vous faut apprendre à faire des choix.

CHAPITRE 2

LA PYRAMIDE DE LA GESTION FINANCIÈRE PERSONNELLE

Qu'entendons-nous par pyramide de la gestion financière personnelle?

Dans la vie, nous traversons plusieurs étapes avant d'arriver à l'âge adulte; il en est de même de notre gestion financière personnelle. La pyramide de la gestion financière est un ensemble d'étapes que nous franchissons graduellement avant d'atteindre une plus grande stabilité et une plus grande sécurité financière.

La pyramide de la gestion financière doit donc se construire sur des bases solides et s'élever graduellement de façon à toujours reposer sur de bonnes assises. Trop souvent, la tendance à sauter certaines étapes ou à rechercher une croissance rapide peut provoquer la déstabilisation et l'écroulement de la pyramide.

· *Situation:*
Monsieur Pierre Pressé vient à peine de terminer ses études collégiales et d'obtenir un emploi dans une

jeune entreprise. Il n'a pas encore commencé à rembourser ses dettes d'études et détient un fonds de roulement de 500 $ ainsi qu'un fonds d'urgence de 3 000 $. Pierre procède à l'achat d'un véhicule neuf de 15 000 $ en utilisant la totalité de son fonds de roulement ainsi que son fonds d'urgence. Suite à l'élection d'un nouveau gouvernement, l'entreprise où Pierre travaille perd deux contrats importants et ferme ses portes.

· *Résultat:*

Pierre est remercié de ses services et n'est pas admissible aux prestations d'assurance-chômage. En plus de devoir assumer ses dépenses de survie, Pierre doit faire face au remboursement de l'emprunt contracté pour son véhicule automobile et de ses prêts étudiants. Faute de prévoyance, notre ami est contraint de vendre son véhicule et de subir une perte substantielle.

· *Solution:*

L'achat de ce véhicule automobile était prématuré et inopportun. Pierre n'aurait pas dû affecter son fonds de roulement ainsi que son fonds d'urgence à cet achat. Dans la gestion financière, il existe des étapes à ne pas ignorer. Ces étapes prennent la forme d'une pyramide à dix échelons. Connaître le bien-fondé de ces principes et en respecter la démarche préviendrait bien des déboires financiers.

Voyons maintenant les dix étapes de la pyramide de la gestion financière personnelle.

Figure 4
La pyramide de la gestion financière personnelle

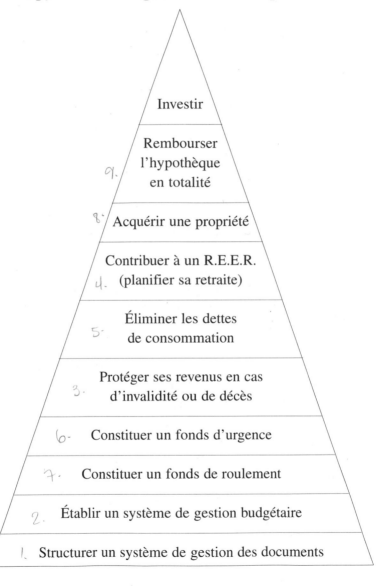

Les étapes de la pyramide de la gestion financière

Les étapes de la pyramide de la gestion financière doivent être franchies une à une tout en suivant un ordre logique. Sauter une ou plusieurs de ces étapes peut compromettre votre situation financière et engendrer des pertes importantes. Nous venons de voir le cas de Pierre Pressé. Ce dernier a dû vendre à perte son véhicule automobile, suite à l'absence de liquidités suffisantes dans son fonds de roulement et dans son fonds d'urgence. Tout au long des divers chapitres de ce livre, nous aurons l'occasion d'élaborer chacune des étapes de la pyramide. Voyons maintenant une courte description de chacune d'elles.

La gestion des documents

La première étape de la pyramide consiste à monter un système de classement afin que vous puissiez avoir accès rapidement et de façon ordonnée à tous vos documents importants tels que les documents financiers, les documents juridiques et les contrats d'assurance.

La gestion budgétaire

La deuxième étape consiste à choisir et à mettre en place un système de gestion budgétaire pratique et efficace. Celui-ci vous permettra de gérer efficacement l'allocation de vos ressources financières. Ce système doit comporter deux volets, soit la planification et le contrôle.

Le fonds de roulement

La troisième étape de la pyramide consiste à accumuler suffisamment de liquidités dans ses comptes de banque afin de gérer efficacement son budget. De cette façon, vous détiendrez les sommes nécessaires pour faire face, au cours de l'année, aux dépenses et aux obligations financières qui ont été budgétées. Un bon fonds de roulement devrait représenter l'équivalent d'un mois de votre revenu net.

Le fonds d'urgence

La quatrième étape consiste à se constituer suffisamment de liquidités grâce à des placements encaissables rapidement (obligations d'épargne, dépôts à terme rachetables et fonds monétaires) afin de gérer les situations d'urgence non prévues dans le budget. Un bon fonds d'urgence devrait représenter l'équivalent d'un mois à deux mois de votre revenu net.

La protection du revenu

La cinquième étape consiste à se doter de protections suffisantes de façon à pallier un manque à gagner substantiel suite à une période d'invalidité prolongée ou à un décès prématuré. Cela vaut pour vous et pour votre famille.

Les dettes de consommation

La sixième étape consiste à établir un solide plan d'action bien encadré par votre système de gestion budgétaire de façon à accélérer le remboursement de toutes vos dettes de consommation.

Les régimes enregistrés d'épargne-retraite

La septième étape consiste à faire ses premières contributions dans un ou plusieurs régimes enregistrés d'épargne-retraite. Cette étape devrait, dans la plupart des cas, lorsqu'il n'y a pas surendettement, être amorcée en même temps que le remboursement accéléré des dettes de consommation.

L'acquisition d'une propriété

La huitième étape consiste à entamer les démarches en vue de l'acquisition d'une propriété. Bien que l'achat d'une propriété vous semble peut-être prématuré, vous devez commencer à le considérer dans votre planification financière. Une fois vos dettes acquittées, vous pourrez réunir des sommes importantes afin d'accumuler un montant substantiel pour l'achat de votre future propriété.

Le remboursement de l'hypothèque

La neuvième étape consiste à utiliser ses surplus budgétaires et à les consacrer au remboursement accéléré de l' hypothèque.

Les investissements

La dernière étape de la pyramide consiste à effectuer divers types de placements comportant une fluctuation potentielle du capital: achat d'un terrain, achat d'une propriété à revenus, portefeuille d'actions, etc.

La recette du succès en matière de finances personnelles

Ce livre pourrait fort bien se comparer dans son ensemble à un livre de recettes dont la pyramide de la gestion financière constituerait les ingrédients de base garantissant le succès sur le plan financier.

Si vous avez à cœur de bâtir votre sécurité financière et de vous établir un patrimoine à l'épreuve des vents et marées, il vous appartient de gravir avec patience et détermination chacune des étapes de la pyramide.

Une fois que vous aurez commencé à les gravir, vous devrez consolider constamment vos positions et éviter le relâchement afin de conserver vos acquis. Voyons brièvement l'impact qu'aurait sur votre gestion personnelle l'abandon ou le relâchement à l'une ou l'autre des étapes.

Le problème	Les conséquences
· *Épuisement du fonds de roulement:*	· nécessité d'empiéter sur le fonds d'urgence; · vulnérabilité lors d'une ou plusieurs situations d'urgence éventuelles.
· *Épuisement du fonds d'urgence:*	· utilisation du fonds de roulement pour faire face à une prochaine situation d'urgence; · manque de liquidités dans le fonds de roulement pour faire face aux dépenses planifiées au budget.
· *Abandon du système de gestion budgétaire:*	· absence de contrôle des dépenses, réduction de l'épargne; · empiétement sur les épargnes; · augmentation du coût de la vie; · augmentation de l'endettement; · retard dans les projets d'investissement.

37

· *Refinancement de l'hypothèque aux fins de consommation:*	· augmentation du coût de vie; · impact probable sur les contributions dans un R.E.E.R.; · retard dans les projets d'investissement.

Quelques avantages d'une pyramide de la gestion financière bien constituée

Afin de mieux vous convaincre de la nécessité de gérer efficacement vos finances personnelles et de suivre une recette à succès, il n'y a rien de mieux que d'en démontrer certains avantages. Vous trouverez donc ci-dessous un ensemble d'avantages reliés à chacune des étapes de la pyramide de la gestion financière personnelle.

Gestion des documents:

- économie de temps;
- économie d'argent;
- absence de frustration.

Gestion budgétaire:

- contrôle des imprévus;
- contrôle de l'endettement;
- hausse du niveau d'épargne.

Fonds de roulement:

- liquidité pour payer les comptes à temps;
- remboursement du solde des cartes de crédit à la fin du mois;
- absence de frais d'intérêt sur les comptes en retard;

- non recours à l'utilisation d'une marge de crédit personnelle ou d'un découvert bancaire;
- conservation d'une bonne cote de crédit.

Fonds d'urgence:

- capacité de faire face aux diverses situations d'urgence;
- préservation du fonds de roulement;
- non recours à l'utilisation d'une marge de crédit;
- non recours à d'autres formes d'emprunts.

Protection des revenus:

- préservation de son autonomie financière;
- maintien du niveau de vie en cas de perte des revenus suite à un maladie ou à un accident (invalidité);
- maintien du niveau de vie des survivants dans le cas du décès d'un proche.

Remboursement des dettes de consommation:

- réduction du coût du crédit;
- augmentation du revenu disponible;
- augmentation du niveau d'épargne;
- importance accrue aux projets à moyen et à long terme.

Contribution à un régime enregistré d'épargne-retraite:

- préservation du niveau de vie au moment de la retraite;
- possibilité d'envisager une retraite anticipée;
- possibilité d'utiliser le capital en cas de situations difficiles;
- report d'impôt appréciable.

Acquisition d'une propriété:

- épargne systématique pendant la période d'amortissement de l'hypothèque;
- possibilité d'hypothéquer la propriété suite à une situation financière difficile;
- loyer réduit à l'échéance de la période d'amortissement de l'hypothèque;
- possibilité de revenus accrus au moment de la retraite lorsque les versements hypothécaires sont terminés.

Remboursement accéléré de l'hypothèque:

- réduction substantielle du coût de la dette;
- plus grande marge de manœuvre pour emprunter suite à une situation difficile;
- rendement net, après impôt, supérieur à la majorité des placements conventionnels;
- possibilité plus grande d'emprunter pour investir.

Les investissements:

- hausse du niveau de sécurité;
- plus grande marge de manœuvre pour réaliser de grands projets;
- possibilité de gains plus élevés que les épargnes conventionnelles.

Évaluation: votre pyramide de la gestion financière

Procurez-vous un marqueur ou un crayon de couleur et coloriez chaque étape que vous croyez avoir atteint. Par la suite, utilisez la page suivante pour formuler les objectifs que vous désirez atteindre à court, moyen et long terme en rapport avec votre pyramide de la gestion financière.

Figure 5
Votre pyramide de gestion financière

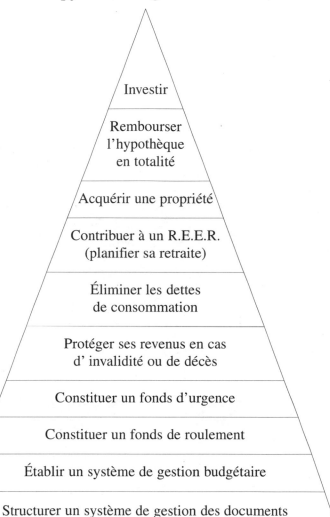

Investir

Rembourser
l'hypothèque
en totalité

Acquérir une propriété

Contribuer à un R.E.E.R.
(planifier sa retraite)

Éliminer les dettes
de consommation

Protéger ses revenus en cas
d' invalidité ou de décès

Constituer un fonds d'urgence

Constituer un fonds de roulement

Établir un système de gestion budgétaire

Structurer un système de gestion des documents

Mes objectifs

Court terme (0 à 2 ans):

_____

_____

_____

_____

_____

_____

_____

Moyen terme (2 à 5 ans):

_____

_____

_____

_____

_____

_____

Long terme (5 ans et plus):

_____

_____

_____

_____

_____

_____

Points importants à retenir et/ou tâches à accomplir:

- Construire la pyramide sur des bases solides.
- Franchir les étapes de la pyramide une à une.
- Consolider constamment ses positions et ne pas se relâcher.
- Établir ses objectifs à court, moyen et long terme en rapport avec la pyramide de la gestion financière.

CHAPITRE 3

LA GESTION DES DOCUMENTS PERSONNELS

Où sont classés vos documents personnels?

Je crois que la gestion des documents doit être abordée comme la première étape d'une bonne gestion même si elle n'est pas reliée directement aux questions d'argent.

Êtes-vous de ceux qui laissent leurs documents éparpillés dans la maison, dans un tiroir de cuisine ou de commode, ou tout en haut de la garde-robe par exemple? Un bon classement permet de consulter rapidement des documents propres et accessibles.

La gestion des documents personnels m'apparaît être un préalable à la gestion des finances personnelles. Comment pouvez-vous en effet atteindre un objectif si vous êtes perdu dans vos papiers? L'une des premières notions de géométrie dont je me souviens est que la distance la plus courte entre deux points est la ligne droite. Sans aucun doute, une des façons d'atteindre le plus rapidement ses objectifs financiers consiste à avoir de l'ordre dans ses papiers et ses documents importants.

45

Où conserver ses documents personnels?

Vous pouvez conserver vos documents dans divers endroits, à la maison ou dans le coffret de sûreté d'une institution financière. À part pour certains documents de valeur, tels que les obligations au porteur, les coupons d'obligations et le testament que vous devriez conserver dans votre coffret de sûreté, choisissez un système de classement que vous conserverez à la maison. Afin d'éviter l'accumulation de documents, je vous suggère de faire une mise à jour annuellement. Ainsi vous pourrez travailler efficacement.

Si vous désirez vous prémunir contre les risques d'incendies, d'actes de vandalisme ou de vols, je vous suggère de dresser une liste exhaustive de tous vos documents importants et de la déposer dans un coffret de sûreté ou de la confier à une personne de confiance. Grâce à cette liste, il vous sera plus facile de vous procurer des copies de vos documents, dans le cas de perte, d'altération ou de destruction. Vous trouverez ci-dessous une liste simple que vous pourriez remplir en l'adaptant à vos besoins.

Liste de mes documents importants

DESCRIPTION	INSTITUTION	RÉPONDANT	TÉLÉPHONE	ENDROIT
Planification financière				
Bilan personnel				
Analyse financière				
Assurances				
Assurancevie				
Documents juridiques				
Testament				
Épargne et investissements				
Régime d'épargne				

Autres documents
Garanties
Date de mise à jour:

Les avantages d'un système de gestion des documents personnels

Lors de mes conférences-causeries, plusieurs participants m'ont fait part des avantages que leur procure un système de gestion des documents. Voici quelques commentaires que j'ai retenus:

«Je me retrouve rapidement et c'est souvent plus facile pour prendre une décision.»

«Dans mon cas, je considère que c'est une économie d'argent et de temps.»

«Être capable de me retrouver, ça m'évite des frustrations inutiles.»

«Quand je fais mon budget et paye mes comptes, je peux avoir accès rapidement à mes documents et classer en même temps les nouveaux.»

«J'ai une image rapide en tout temps de ma situation financière en ayant accès à tous mes documents sur place.»

«J'ai économisé de l'argent en effectuant des recherches auprès de plusieurs courtiers d'assurance avant le renouvellement de mon assurance automobile.»

«J'ai évité le renouvellement automatique de mes certificats de dépôt garantis en prenant le temps de décider moi-même de la durée du renouvellement.»

«Mon banquier trouve que je suis une personne qui a de l'ordre et qui sait où elle va. Je crois que cela m'aide à obtenir de meilleures conditions de crédit.»

«En suivant scrupuleusement les états mensuels de mes fonds d'investissement, j'ai évité des pertes importantes.»

«En conservant mes factures et mes garanties, j'économise si un article ou un appareil est défectueux.»

Le système de gestion des documents «FORMA-VIE[1]»

Le système de gestion des documents «FORMA-VIE» que je vous propose vous permettra de vous retrouver rapidement tout en économisant temps et argent.

Liste des articles nécessaires:

· une boîte de classement en carton de 41 cm de longueur, 28 cm de hauteur et 12 cm de profondeur;
· 7 séparateurs en carton format légal;
· 50 chemises format légal;
· 1 boîte d'étiquettes autocollantes pour chemises;
· 1 fiche en carton de 21,5 cm x 28 cm pour la table des matières;
· 1 pochette protectrice transparente pour la table des matières.

Votre système de classement ne devrait pas coûter plus de 25 $. À la page suivante, je vous propose un exemple de classification de vos dossiers. Vous pourrez toujours par la suite y apporter les changements que vous désirez.

---

1. La terminologie «FORMA-VIE» représente une abréviation de formation pour la vie.

TITRES DES DOSSIERS

1. PLANIFICATION FINANCIÈRE
1.1 Bilan personnel
1.2 Budget personnel
1.3 Dossier de planification
1.4 Objectifs financiers et matériels
1.5 Relevés d'opérations bancaires
1.6 Relevés mensuels des cartes de crédit
1.7 Talons de paye
1.8 Autres............

2. ASSURANCES

2.1 Assurance accidents-maladie
2.2 Assurance collective
2.3 Assurance propriétaire-locataire
2.4 Assurance automobile
2.5 Assurance responsabilité
2.6 Assurance salaire et invalidité
2.7 Assurance vie
2.8 Autres assurances............

3. DOCUMENTS JURIDIQUES
3.1 Contrat de mariage, divorce, séparation
3.2 Emprunts bancaires, autres emprunts
3.3 Immeubles
3.4 Prêts à des particuliers
3.5 Résidence principale (bail, hypothèque)
3.6 Résidence secondaire
3.7 Testament et mandats
3.8 N.A.M.Q., N.A.S., passeport............
3.9 Autres............

4. ÉPARGNE PERSONNELLE
4.1 Actions
4.2 Comptes de banque
4.3 Dépôts à terme, certificats
   de dépôt
4.4 Fonds d'investissement
   (mutuels)
4.5 Obligations d'épargne et
   débentures
4.6 Autres régimes d'épargne

5. RÉGIMES DE REVENUS
   DIFFÉRÉS
5.1 R.E.E.R
5.2 Régime enregistré de pension
5.3 Régime enregistré d'épargne-
   étude
5.4 Autres régimes............

6. ABRIS FISCAUX
6.1 Films
6.2 R.E.A.
6.3 S.P.E.Q.
6.4 Sociétés en commandite
6.5 Autres............

7. USAGE COURANT
7.1 Automobile (factures)
7.2 Associations
7.3 Documents pour impôts
7.4 Électricité, chauffage
7.5 Factures importantes
7.6 Frais médicaux
7.7 Garanties
7.8 Taxes
7.9 Téléphone
7.10 Autres............

Points importants à retenir et/ou tâches à accomplir:
- Monter un système de gestion des documents à l'aide du modèle proposé.
- Conserver la plupart des documents personnels à la maison et dans un endroit sûr.
- Dresser une liste complète de ses documents importants. La conserver dans le coffret de sûreté d'une institution financière ou la confier à une personne de confiance.

CHAPITRE 4

LA GESTION BUDGÉTAIRE

Quelques bonnes raisons de se doter d'un système de gestion budgétaire

Puisque nous abordons la gestion budgétaire, il importe de faire une mise au point sur le budget et la gestion budgétaire. Pour la plupart des individus, le budget consiste à écrire toutes les dépenses du ménage, tandis que la gestion budgétaire est un système qui comprend deux volets:

· la planification budgétaire;
· le contrôle budgétaire.

À moins d'être très intuitif, très discipliné ou riche comme Crésus, il est essentiel de se doter d'un système de gestion budgétaire pour atteindre ses objectifs de croissance. Nous avons constaté que l'absence d'un cadre engendre fréquemment des problèmes d'endettement.

La mise sur pied d'un bon système de gestion budgétaire peut vous procurer de nombreux avantages, à savoir:

· une meilleure utilisation de vos ressources financières;
· la capacité de faire des choix éclairés;

· le contrôle de l'endettement;
· un stimulant pour l'épargne;
· la tranquillité d'esprit;
· une meilleure relation dans le couple;
· etc.

Les modes de gestion

En général, les couples choisissent l'un des modes de gestion ci-dessous:

a) gestion en commun de toutes les ressources et de toutes les dépenses familiales et personnelles;
b) gestion en commun des dépenses familiales et gestion individuelle des dépenses personnelles;
c) gestion individuelle des dépenses selon une entente de partage entre les parties.

Le choix d'un mode de gestion peut varier d'un couple à l'autre selon sa situation et ses besoins. Certains se satisferont d'un mode de gestion en commun de toutes les ressources ainsi que de toutes les dépenses tandis que d'autres préféreront gérer individuellement leurs ressources après entente sur le partage des dépenses.

Mon expérience me porte à privilégier le premier mode mentionné ci-haut. Ce mode de gestion permet, à mon avis, de mieux contrôler les dépenses en consultant régulièrement le conjoint sur les décisions importantes. De plus, il a pour effet de responsabiliser davantage les parties face aux différents coûts et de faciliter la réalisation des objectifs financiers et matériels à moyen et à long terme. Enfin, dans le cas de rupture ou de décès d'un des conjoints, ce mode de gestion facilite une prise de contrôle plus rapide des finances.

Les étapes de la mise sur pied du système de gestion budgétaire «FORMA-VIE[1]»

Il y a plusieurs étapes à franchir avant de rendre opérationnel un système de gestion budgétaire. Je n'aborderai pas ici la multiplicité des systèmes que vous pourriez vous procurer auprès de divers organismes ou institutions financières. Le système de gestion budgétaire «FORMA-VIE» que je vous propose a fait l'objet d'expérimentations depuis plusieurs années auprès de nombreux clients. Il est tout indiqué pour les individus et les familles de la classe moyenne.

Les principales étapes précédant l'implantation du système «FORMA-VIE» sont les suivantes:

- · paiement des comptes à payer en souffrance;
- · planification budgétaire;
- · ouverture des comptes bancaires;
- · établissement d'un fonds de roulement;
- · démarrage du système (premier dépôt);
- · contrôle budgétaire;
- · établissement d'un fonds d'urgence.

Dans ce chapitre, vous verrez la planification budgétaire ainsi que le contrôle budgétaire. Le prochain chapitre sera consacré à l'aspect technique des autres étapes du système de gestion budgétaire «FORMA-VIE».

---

1. La méthode de gestion budgétaire «FORMA-VIE» est une approche éducative qui a été développée par l'auteur. La terminologie «FORMA-VIE» représente une abréviation de formation pour la vie.

La planification budgétaire

La planification budgétaire est la distribution des ressources financières entre l'ensemble des postes budgétaires. C'est un choix rationnel que vous exercez afin de répartir vos ressources disponibles selon vos besoins.

La première étape de la planification budgétaire consiste à identifier tous vos revenus nets sur une base annuelle. La deuxième étape consiste à déterminer l'ensemble des dépenses projetées pour la prochaine année. Ces dépenses sont divisées en trois catégories: les dépenses fixes, les dépenses variables et les dépenses courantes.

Tableau 1
Revenus

REVENUS	ANNUEL	TOTAL	PAYE (52)
Revenus d'emploi de Monsieur	_____ $		
Revenus d'emploi de Madame	_____		
Revenus de loyers	_____		
Revenus d'intérêts	_____		
Allocations familiales	_____		
Pension alimentaire	_____		
Autres revenus	_____		
TOTAL DES REVENUS NETS		_____ $	_____ $[2]

Vos revenus nets correspondent généralement à vos talons de paye après toutes les déductions. Quant aux autres

---

2. Ce montant représente 1/52 de votre revenu annuel net. Nous avons choisi une fréquence hebdomadaire afin d'illustrer notre exemple.

revenus, vous devez aussi les inscrire même si vous prévoyez avoir des impôts additionnels à payer en fin d'année. Un poste budgétaire a été prévu pour vos impôts à payer dans votre planification budgétaire (consultez le tableau des dépenses fixes, poste budgétaire 1.25).

Tableau 2
Dépenses fixes

DÉPENSES FIXES	ANNUEL	TOTAL	PAYE (52)
1.0 Fonds d'urgence	$		
1.1 Régime enregistré d'épargne-retraite			
1.2 Épargne systématique (projet 1...)			
1.3 Épargne systématique (projet 2...)			
1.4 Autres épargnes			
1.5 Réserve ameublement			
1.6 Réserve dépréciation automobiles			
1.7 Assurance propriétaire ou locataire			
1.8 Assurance automobile			
1.9 Assurance S.A.A.Q./permis			
1.10 Assurance vie			
1.11 Assurance salaire			
1.12 Autres assurances			
1.13 Hypothèque, taxes ou loyer			
1.14 Électricité			
1.15 Chauffage (huile et bois)			
1.16 Téléphone/cellulaire			
1.17 Câble			
1.18 Stationnement			
1.19 Vacances			

Tableau 2 (suite)

DÉPENSES FIXES	ANNUEL	TOTAL	PAYE (52)
1.20 Vêtements			
1.21 Emprunts personnels			
1.22 Autres remboursements			
1.23 Remboursement marges de crédit			
1.24 Remboursement cartes de crédit			
1.25 Provision pour impôt			
1.26 Honoraires professionnels			
1.27 Frais financiers / frais bancaires			
1.28 Cotisations professionnelles			
1.29 Autre……..			
TOTAL DES DÉPENSES FIXES		_____ $	_____ $[3]

Les dépenses fixes représentent tous les débours gérés par le système de gestion budgétaire et qui reviennent à intervalles réguliers. Ces dépenses sont prévisibles avec une marge d'erreur assez faible et doivent être en tout temps supérieures à 10 $. Les débours en deçà de ce montant seront intégrés dans les dépenses courantes (tableau 4).

---

3. Ce montant représente le coût moyen des dépenses fixes par période de paye 1/52.

Tableau 3
Dépenses variables

DÉPENSES VARIABLES	ANNUEL	TOTAL	PAYE (52)
2.0 Essence (achat à crédit)	_____ $		
2.1 Entretien automobiles et réparations	_____		
2.2 Entretien appareils ménagers	_____		
2.3 Entretien ménager	_____		
2.4 Entretien maison (intérieur)	_____		
2.5 Entretien maison (extérieur)	_____		
2.6 Lingerie	_____		
2.7 Frais de garderie	_____		
2.8 Frais médicaux/prod. pharmacie	_____		
2.9 Cadeaux	_____		
2.10 Dons de charité	_____		
2.11 Soins esthétiques/coiffure	_____		
2.12 Loisirs: culture, sport et équipements	_____		
2.13 Frais de scolarité	_____		
2.14 Épicerie en gros	_____		
2.15 Restaurants	_____		
2.16 Autre	_____		
2.17 Autre	_____		
2.18 Divers	_____		
TOTAL DES DÉPENSES VARIABLES		_____ $	_____ $[4]

---

4. Ce montant représente le coût moyen des dépenses variables par période de paye 1/52.

Les dépenses variables représentent tous les débours gérés par le système de gestion budgétaire et qui ne reviennent pas à des intervalles réguliers. Ces dépenses sont généralement prévisibles et la marge d'erreur est plus ou moins grande. Comme pour les dépenses fixes, chaque débours doit être en tout temps supérieur à 10 $.

Tableau 4
Dépenses courantes

DÉPENSES COURANTES	ANNUEL	TOTAL	PAYES (52)
- Nourriture/produits ménagers	_____ $		_____ $
- Divers maison	_____		_____
- Dépenses personnelles de Monsieur	_____		_____
- Dépenses personnelles de Madame	_____		_____
- Dépenses personnelles des enfants	_____		_____
- Essence (achat comptant)	_____		_____
- Autre	_____		_____
TOTAL DÉPENSES COURANTES		_____ $	_____ $[5]

Les dépenses courantes représentent tous les débours que vous déciderez d'effectuer en argent comptant et qui ne seront pas comptabilisés par le système. À chaque période de paye, vous effectuerez un retrait pour les semaines prévues au budget à cet effet. Afin de simplifier la gestion de votre système, vous devriez acquitter comptant les frais ci-dessus mentionnés ainsi que ceux inférieurs à 10 $.

---

5. Ce montant représente le coût moyen des dépenses courantes par période de paye 1/52.

La dernière étape de la planification budgétaire consiste à équilibrer les dépenses avec les revenus. Avant d'en arriver à cette équation budgétaire, il se peut que vous ayez à refaire vos devoirs à plusieurs reprises. Cet exercice est cependant indispensable à la bonne marche de tout votre système. Si, après plusieurs heures de travail, vous n'arrivez pas à équilibrer votre budget, vous avez un problème sérieux. Alors n'hésitez pas à consulter une personne ressource.

Tableau 5
Résultats de l'exercice budgétaire

	TOTAL	PAYES ( )
GRAND TOTAL DES DÉPENSES	_____ $	_____ $[6]
EXCÉDENT OU DÉFICIT	_____ $	_____ $[6]

Vous trouverez à la page suivante un exemple de document que vous pourriez utiliser afin de préparer votre planification budgétaire. Afin de vous faciliter la tâche, vous trouverez une liste descriptive de certains postes budgétaires. Remarquez que tous les postes budgétaires gérés par votre système sont numérotés. Les postes non numérotés représentent les dépenses que vous effectuerez en argent liquide.

---

6. Ces montants représentent la moyenne des dépenses sur une période hebdomadaire ainsi que la moyenne de l'excédent ou du déficit.

59

Tableau 6
Planification budgétaire

REVENUS	ANNUEL	TOTAL	PAYE ( )
Revenus d'emploi de Monsieur	_____ $		
Revenus d'emploi de Madame	_____		
Revenus de loyers	_____		
Revenus d'intérêts	_____		
Allocations familiales	_____		
Pension alimentaire	_____		
Autres revenus	_____		
TOTAL DES REVENUS NETS		_____ $	_____ $

DÉPENSES FIXES	ANNUEL	TOTAL	PAYE ( )
1.0 Fonds d'urgence	_____ $		
1.1 Régime enregistré d'épargne-retraite	_____		
1.2 Épargne systématique (projet 1…)	_____		
1.3 Épargne systématique (projet 2…)	_____		
1.4 Autres épargnes	_____		
1.5 Réserve ameublement	_____		
1.6 Réserve dépréciation automobiles	_____		
1.7 Assurance propriétaire ou locataire	_____		
1.8 Assurance automobiles	_____		
1.9 Assurance S.A.A.Q./permis	_____		
1.10 Assurance vie	_____		
1.11 Assurance salaire	_____		
1.12 Autres assurances	_____		
1.13 Hypothèque, taxes ou loyer	_____		
1.14 Électricité	_____		
1.15 Chauffage (huile et bois)	_____		
1.16 Téléphone / cellulaire	_____		
1.17 Câble	_____		
1.18 Stationnement	_____		
1.19 Vacances	_____		
1.20 Vêtements	_____		
1.21 Emprunts personnels	_____		
1.22 Autres remboursements	_____		
1.23 Remboursement marges de crédit	_____		
1.24 Remboursement cartes de crédit	_____		
1.25 Provision pour impôt	_____		

DÉPENSES FIXES (SUITE)	ANNUEL	TOTAL	PAYE ( )
1.26 Honoraires professionnels	_____		
1.27 Frais financiers / frais bancaires	_____		
1.28 Cotisations professionnelles	_____		
1.29 Autre……..	_____		
TOTAL DES DÉPENSES FIXES		_____ $	_____ $

DÉPENSES VARIABLES	ANNUEL	TOTAL	PAYE ( )
2.0 Essence (achat à crédit)	_____ $		
2.1 Entretien automobiles et réparations	_____		
2.2 Entretien appareils ménagers	_____		
2.3 Entretien ménager	_____		
2.4 Entretien maison (intérieur)	_____		
2.5 Entretien maison (extérieur)	_____		
2.6 Lingerie	_____		
2.7 Frais de garderie	_____		
2.8 Frais médicaux / produits pharmacie	_____		
2.9 Cadeaux	_____		
2.10 Dons de charité	_____		
2.11 Soins esthétiques/coiffure/produits	_____		
2.12 Loisirs: culturel/sport et équipement	_____		
2.13 Frais de scolarité	_____		
2.14 Épicerie en gros	_____		
2.15 Restaurants	_____		
2.16 Autre	_____		
2.17 Autre	_____		
2.18 Divers	_____		
TOTAL DES DÉPENSES VARIABLES		_____ $	_____ $

DÉPENSES COURANTES	ANNUEL	TOTAL	PAYE ( )
- Nourriture/produits ménagers	_____ $		_____
- Divers maison			
- Dépenses personnelles de Monsieur	_____		_____
- Dépenses personnelles de Madame	_____		_____
- Dépenses personnelles des enfants	_____		_____
- Essence (achat comptant)	_____		_____
- Autre	_____		_____
TOTAL DES DÉPENSES COURANTES		_____ $	_____ $

| GRAND TOTAL DES DÉPENSES | | _____ $ | _____ $ |
| EXCÉDENT OU DÉFICIT | | _____ $ | _____ $ |

Description de certains postes budgétaires

Vous trouverez ci-dessous une description et des commentaires sur certains postes budgétaires. La description des postes peut varier selon différentes situations.

1.0	Ce poste budgétaire a pour objet d'accumuler systématiquement de l'épargne en prévision des situations d'urgence.
1.1 à 1.6	Ces postes sont consacrés à tous genres d'épargnes et apparaissent avant les dépenses de consommation. Ces épargnes vous permettent de planifier la réalisation de projets à moyen et à long terme: voyage en Europe, achat d'un terrain, achat d'ameublement, achat d'un véhicule automobile, etc.
1.7 à 1.12	Ces postes excluent toutes les dépenses afférentes aux assurances collectives et autres prélèvements à la source. Vous pouvez cependant les inscrire entre parenthèses sans toutefois les inclure dans le total des dépenses fixes.
1.19	Ce poste peut inclure, en plus des prévisions pour vacances, les déplacements à l'extérieur de votre région ainsi que les fins de semaine de vacances à l'extérieur de la maison.
1.19, 1.20	Ces postes ne représentent pas de véritables dépenses fixes; cependant, nous recommandons de les intégrer dans cette catégorie de dépenses.

1.23   N'oubliez pas d'inclure dans votre budget le remboursement de la marge de crédit. Le montant à inscrire doit représenter 3 % du solde mensuel annualisé.

ex.: solde de 2 000 $

[(2 000 $ x 3 %) = (60 $ x 12)]= 720 $

1.24   N'oubliez pas d'inclure dans votre budget le remboursement de vos cartes de crédit. Généralement, ce montant doit représenter 5 % par mois du solde mensuel annualisé.

ex.: solde de 3 000 $

[(3 000 $ x 5 %) = (150 $ x 12)] = 1 800 $

1.25   Afin d'éviter de mauvaises surprises à la fin de l'année, n'oubliez pas d'intégrer dans votre planification budgétaire une provision pour les impôts à payer.

1.26   Ce poste ne comprend pas les frais médicaux. Vous pouvez y intégrer les frais juridiques et comptables prévisibles.

1.27   Ce poste comprend les frais bancaires, les frais de courtage en valeurs mobilières et les frais d'administration des institutions financières.

2.0   Ce poste est utilisé seulement si vous décidez d'intégrer cette dépense dans votre système de gestion budgétaire. Si vous payez comptant votre essence, utilisez le poste essence de la partie des dépenses courantes.

2.14   Ce poste est prévu pour les achats sporadiques d'aliments en gros: plan pour congélateur, conserves en gros, etc.

2.15   N'oubliez pas que toutes les dépenses en dessous de 10 $ ne doivent pas être comptabilisées par votre système. Donc les repas du midi inférieurs à 10 $ doivent faire partie de vos dépenses courantes.

2.18   Ce poste représente les dépenses mineures qui n'ont pas été intégrées dans votre planification budgétaire. Afin d'éviter une description exhaustive de tous ces postes dans votre planification budgétaire, je vous suggère de les regrouper à l'intérieur d'un seul poste.

Exemple: - déductible pour réclamation à vos assureurs;
          - contravention;
          - nettoyage de tapis, etc.

Pour calculer ce poste, vous comptez 10 % du total des dépenses variables.

Le contrôle budgétaire

Le contrôle budgétaire est la dernière étape de la mise en application du système de gestion budgétaire. Nous verrons dans le prochain chapitre les aspects techniques de la mise en opération de ce système.

Quelle que soit la précision avec laquelle vous avez effectué l'exercice sur la planification budgétaire, vous ne pouvez prétendre gérer rigoureusement votre budget sans contrôler vos dépenses. Nous avons déjà vu que la planification budgétaire consistait à répartir les ressources disponibles entre les divers postes budgétaires.

Le contrôle budgétaire a pour objet d'exercer une surveillance sur chaque poste du budget, et ce, en fonction des objectifs établis initialement dans la planification budgétaire. Cette surveillance s'effectue par poste en tenant compte du budget annuel ainsi que de la période écoulée au cours de l'année.

Exemple: La famille L'Espérance a décidé d'allouer un budget de 1 800 $ par année (150 $ par mois) au poste vêtements. Considérant que son année budgétaire commence le 1er janvier, de quel montant dispose-t-elle en date du 1er mai pour ses prochains achats?

Tableau 7
Contrôle budgétaire, poste vêtements

| 1.20 VÊTEMENTS | | BUDGET MENSUEL: | 150 $ | | |
| | | BUDGET ANNUEL: | 1 800 $ | | |
DATE	DESCRIPTION	DÉPENSES	CUMULATIF	SOLDE
15 - 01 -..	2 chemises, souliers	150 $	150 $	1 650 $
20 - 02 -..	sous-vêtements	80 $	230 $	1 570 $
08 - 03 -..	1 jupe, bas, foulard	125 $	355 $	1 445 $
15 - 03 -..	veste de cuir	200 $	555 $	1 245 $
30- 04 -..	1 pantalon, chemises	155 $	710 $	1 090 $

Réponse:

La famille L'Espérance ne dispose d'aucun montant à cette date puisqu'elle a dépassé son budget de 110 $. En date du 1er mai, elle ne devrait pas avoir dépensé plus de 600 $ (soit 4 mois x 150 $). Madame L'Espérance doit considérer que son budget est proportionnel à la période écoulée dans l'année budgétaire.

Tableau 8
Contrôle budgétaire

		BUDGET MENSUEL:	_____ $	
		BUDGET ANNUEL	_____ $	
DATE	DESCRIPTION	DÉPENSES	CUMULATIF	SOLDE

Votre gestion budgétaire

À partir des éléments que nous venons de voir, vous êtes en mesure de préparer votre planification budgétaire et d'exercer un contrôle sur vos dépenses. Utilisez les formules vierges du système de gestion et montez votre propre manuel de gestion. N'oubliez pas, chaque poste budgétaire codé doit obligatoirement se retrouver dans la section contrôle.

Une fois votre cahier monté, pourquoi ne pas préparer votre budget pour la prochaine année?

Points importants à retenir et/ou tâches à accomplir:
· La gestion budgétaire est un système qui comprend deux parties:
  - la planification budgétaire;
  - le contrôle budgétaire.
· L'absence d'un cadre engendre fréquemment des problèmes d'endettement.
· Le mode de gestion consistant à gérer en commun les ressources et les dépenses est, à mon avis, le plus susceptible de procurer les meilleurs résultats.
· Un système de gestion budgétaire est incomplet sans le volet contrôle des dépenses.
· Consultez une personne ressource sans hésiter si vous êtes dans l'impossibilité d'équilibrer votre budget.

CHAPITRE 5

LA MÉTHODE DE GESTION BUDGÉTAIRE FORMA-VIE

Les principales étapes de la mise sur pied du système de gestion budgétaire

Dans le chapitre sur la gestion budgétaire, nous avons abordé les deux étapes les plus importantes de la mise sur pied du système de gestion «FORMA-VIE», soit la planification budgétaire et le contrôle budgétaire.
Dans ce chapitre, nous verrons les divers aspects techniques de la méthode budgétaire FORMA-VIE:

· acquittement des comptes à payer;
· ouverture des comptes bancaires;
· dépenses courantes;
· établissement du fonds de roulement;
· établissement du fonds d'urgence;
· mise en marche du système.

Bien sûr, il est possible de gérer son budget de façon sommaire en se limitant à la planification budgétaire et au contrôle. Cependant, si vous désirez vous donner une structure et une méthode efficaces, nous vous suggérons de poursuivre la lecture de ce chapitre.

L'acquittement des comptes à payer

Avant de mettre sur pied votre système de gestion, il est impératif que vous acquittiez tous vos comptes à payer; votre système a en effet été conçu pour vous aider à gérer uniquement les dépenses planifiées pour la prochaine année budgétaire.

Par comptes à payer, nous entendons les divers comptes en souffrance: factures d'électricité, factures de téléphone ou autres factures impayées.

L'ouverture des comptes bancaires

Afin de gérer efficacement votre système de gestion budgétaire, vous devrez détenir trois comptes de banque:
- le compte réservoir
- le compte fixe
- le compte variable

Figure 6
Ouverture des comptes bancaires

1. Les dépenses courantes ne constituent pas un compte de banque.

Voyons maintenant la définition et la mission de ces divers comptes:

Le compte réservoir

Ce compte a pour objet de canaliser l'ensemble de vos revenus, d'accumuler les surplus, d'alimenter les comptes fixes et variables et de vous permettre de prélever vos dépenses courantes (argent de poche). Selon la période de paye que vous choisissez, soit hebdomadaire ou à chaque quinzaine, vous transférez par la suite les montants requis à chaque période dans vos comptes fixe et variable et vous retirez les sommes requises pour vos dépenses courantes de ladite période (voir figure 6, page précédente).

Les montants transférés correspondent à la proportion des dépenses annuelles prévues selon la période de rémunération choisie.

Exemple selon une période hebdomadaire:
- dépenses fixes annuelles planifiées   = 18 000 $
- période choisie   = hebdomadaire
- montant à transférer 18 000 $ ÷ 52   = 346,15 $

Le compte fixe

Le compte fixe sert à gérer toutes les dépenses fixes que vous avez planifiées dans votre budget. Ces dépenses, comme nous l'avons déjà vu, sont prévisibles avec une très faible marge d'erreur et reviennent en grande partie à intervalles réguliers. Consultez le tableau 6 sur la planification budgétaire au chapitre 4.

Le compte variable

Le compte variable sert à gérer toutes les dépenses variables que vous avez planifiées dans votre budget. Ces dépenses, comme nous l'avons déjà vu, sont prévisibles avec une marge d'erreur plus ou moins grande et ne reviennent pas à des intervalles réguliers. Consultez le tableau 6 sur la planification budgétaire au chapitre 4.

Les dépenses courantes

Les dépenses courantes ne sont pas gérées dans un compte de banque. Selon la période de paye choisie, vous retirez de votre compte réservoir les sommes nécessaires pour une période donnée. Si vous jugez que le montant est trop élevé, vous pouvez le retirer à diverses fréquences en utilisant votre carte de guichet automatique. Vous devez vous rappeler que toutes les dépenses de moins de 10 $ doivent être assumées en tout temps par vos dépenses courantes.

Il est essentiel que vous vous discipliniez et respectiez votre budget de dépenses courantes. Dans le cas contraire, vous devrez puiser dans votre compte réservoir et hypothéquer graduellement tous vos surplus budgétaires. Consultez le tableau sur la planification budgétaire au chapitre 4.

Tableau de la gestion des liquidités

Suite à la préparation de sa planification budgétaire, le couple Tremblay–St-Onge a réuni les données suivantes:

- revenus nets annuels   36 500 $
- dépenses fixes annuelles   18 000 $
- dépenses variables annuelles   6 600 $
- dépenses courantes annuelles   10 400 $

Une fois que le couple Tremblay–St-Onge a opté pour la période hebdomadaire, il devra transférer ou retirer à chaque période les montants afférents.

Exemple pour une période hebdomadaire:
- dépenses fixes   *18 000 $ ÷ 52 = 346,15 $*
- dépenses variables   *6 600 $ ÷ 52 = 126,92 $*
- dépenses courantes   *10 400 $ ÷ 52 = 200 $*

La différence entre les revenus hebdomadaires et les dépenses hebdomadaires devrait s'accumuler dans le compte réservoir chaque semaine. Dans le cas ci-haut mentionné, l'excédent moyen sur une base hebdomadaire s'établit à 28,85 $.

36 500 $ ÷ 52 = 701,92 $
701,92 $ - (346,15 $ + 126,92 $ + 200 $) = 28,85 $

Tableau 9
Gestion des liquidités

Revenus d'emploi - Revenus d'intérêts - Allocations familiales

COMPTE RÉSERVOIR

COMPTE FIXE	COMPTE VARIABLE
346,15 $	126,92 $

DÉPENSES COURANTES
(argent de poche)
200 $

L'établissement du fonds de roulement

Après avoir acquitté vos comptes à payer et ouvert vos comptes bancaires, vous devez déterminer les montants à déposer dans vos comptes réservoir, fixe et variable afin de vous constituer un fonds de roulement pour chacun de ces comptes. Le fonds de roulement a pour objet de vous permettre d'effectuer les paiements qui viendront à échéance pendant la prochaine année budgétaire et pour lesquels vous n'avez pu constituer des provisions faute de temps. Si vous ne constituez pas ce fonds au départ, vous risquez d'être à court de liquidités pendant les premiers mois (trois à six mois) et d'avoir à reporter l'échéance de plusieurs paiements.

Mise en situation

Le renouvellement de votre police d'assurance automobile vient à échéance dans six mois et vous avez l'habitude d'acquitter votre prime annuellement. Vous estimez celle-ci à près de 600 $.

Dépôt requis: 600 $ ÷ 12 mois = 50 $ (par mois)
Dépôt accumulé: 50 $ x 6 mois = 300 $

Votre système de gestion budgétaire ne vous permet pas d'accumuler un montant de 600 $ en six mois. Donc, vous devrez pour cette fois-ci débourser la différence, soit 300 $. Pour les années ultérieures, les montants requis seront déjà accumulés.

En prenant ainsi chaque poste budgétaire, vous serez en mesure de déterminer le besoin de liquidités requis pour constituer le fonds de roulement de votre compte fixe et de votre compte variable.

Si vous détenez suffisamment de liquidités, une façon plus simple de constituer votre fonds de roulement consiste à déposer dans vos trois comptes de banque l'équivalent d'un mois de salaire net.

Voici comment vous pourriez partager ce montant:
Réservoir   20 %
Compte fixe   60 %
Compte variable   20 %

L'établissement du fonds d'urgence

De façon idéale, vous devriez dès le départ disposer d'un fonds d'urgence représentant au minimum un mois de revenu net. Nous suggérons un minimum de deux pour les propriétaires. Ce fonds, comme nous l'avons déjà vu, a pour objet de vous permettre de faire face aux situations d'urgence non prévues dans votre budget et de vous éviter de vider votre fonds de roulement.

À défaut de disposer de cette somme, il vous est suggéré d'inclure dans votre planification budgétaire au poste 1.0 un montant qui vous apparaîtra raisonnable et que vous pourrez cumuler au cours de l'année. Un montant devrait apparaître à ce poste budgétaire tant que votre fonds d'urgence ne sera pas constitué.

La mise en marche du système

Maintenant que vous avez franchi toutes les étapes techniques, vous êtes prêt à utiliser votre système de gestion budgétaire. Il ne vous reste qu'à fixer une date de départ pour effectuer votre premier dépôt.

Grâce à l'ensemble des éléments énoncés dans les chapitres précédents, vous serez en mesure d'atteindre vos objectifs de saine gestion. Tenir ce système à jour ne devrait pas exiger plus de 20 minutes par semaine.

Points importants à retenir et/ou tâches à accomplir:
- Tenir ce système à jour ne devrait pas exiger plus de 20 minutes par semaine.
- Détenir trois comptes de banque: le réservoir, le fixe et le variable, afin de gérer efficacement le système de gestion budgétaire.
- Choisir la période de paye qui convient le mieux pour bien gérer le système, quelle que soit la fréquence de la rémunération actuelle.
- Acquitter ses comptes à payer avant de mettre le système en place.
- Déterminer les montants requis pour constituer un fonds de roulement dans les comptes réservoir, fixe et variable.
- Se constituer un fonds d'urgence afin de faire face sereinement aux situations d'urgence et d'éviter d'épuiser son fonds de roulement.
- Choisir la date qui convient le mieux pour mettre le système en place. Faire ses dépôts au compte réservoir et procéder aux transferts dans les comptes fixe et variable. Prendre l'argent comptant requis pour les dépenses courantes dans le compte réservoir.

CHAPITRE 6

LA PHOTO DE VOS FINANCES PERSONNELLES

Quand avez-vous dressé votre bilan financier pour la dernière fois?

Il est impensable qu'une entreprise ou une association puisse se soustraire à la présentation annuelle de son bilan financier. Par contre, peu d'individus ou de couples prennent le temps de rédiger leur bilan financier une fois par année.

Qu'est-ce qu'un bilan financier?

Un bilan financier est un outil de gestion qui mesure la croissance ou la décroissance financière. Le bilan financier permet de voir rapidement l'état de sa situation financière à un moment bien précis. C'est en quelque sorte une photographie des finances personnelles. Par conséquent, en dressant votre bilan financier une fois par année, vous serez en mesure de constater si votre situation financière est en stagnation, en croissance ou en décroissance (voir figure 7). Par ailleurs, ce document prend toute sa valeur lorsqu'il est comparé avec le bilan des années antérieures.

Figure 7
Votre image financière personnelle

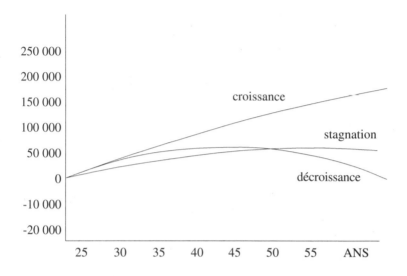

Dans le tableau ci-dessus, vous avez identifié trois genres de situations. En dressant votre bilan financier chaque année, vous serez en mesure de suivre l'évolution de votre situation financière. Je vous incite par la suite à constituer votre propre graphique évolutif.

Différenciation entre budget et bilan financier

Lors de mes conférences et de mes ateliers de formation populaire, j'ai souvent constaté qu'il y avait, chez les participants, une confusion entre le budget et le bilan. Il m'apparaît important d'en souligner ici la différence afin que vous puissiez utiliser efficacement ces outils de gestion.

Qu'est-ce qu'un budget?

Le budget est un exercice qui permet de planifier l'allocation des revenus par poste budgétaire. Vous trouverez ci-dessous un exemple de budget annuel.

Tableau 10
Budget annuel de Madame L'Espérance

Revenus		
16 400 $		
800		
1 200		
Total des revenus		18 400 $
Dépenses		
1.1......................	400 $	
1.2......................	1 200	
1.3......................	4 600	
1.4......................	1 200	
1.5......................	600	
1.6......................	6 800	
1.7......................	2 100	
1.8......................	360	
1.9......................	200	
Total des dépenses		17 460 $
Surplus budgétaire		**940 $**

Qu'est-ce qu'un bilan?

Le bilan est un outil qui décrit avec précision l'état de votre situation financière à un moment précis. Il vous permet d'établir ce que vous possédez, ce que vous devez et ce que vous valez financièrement.

Tableau 11
Bilan de Madame L'Espérance

ACTIFS (ce qu'elle possède)		
- argent en banque	1 000 $	
- obligations d'épargne	3 000	
- fonds d'investissement	2 500	
Total des actifs		6 500 $
PASSIFS (ce qu'elle doit)		
- comptes à payer	300 $	
- achat à paiements différés	600	
- cartes de crédit	400	
- emprunts personnels	3 600	
Total des passifs		4 900 $
VALEUR NETTE (ce qu'elle vaut financièrement)		1 600 $

Les éléments d'un bilan financier personnel

Nous avons vu précédemment une définition du bilan financier. Voyons maintenant comment il est composé. Le bilan étant l'image financière d'un individu ou d'un couple à un moment précis, il doit donc faire ressortir les trois éléments suivants:

· l'actif
· le passif
· la valeur nette

L'actif

L'actif représente tout ce que vous possédez. Cette partie de votre bilan comprendra une description de tous les biens par catégories: les liquidités, les placements et les biens personnels.

Le passif

Le passif représente tout ce que vous devez. Cette partie de votre bilan comprendra une description de toutes les dettes dans les catégories suivantes: les dettes à court terme, les dettes à moyen terme et les dettes à plus long terme.

La valeur nette

La valeur nette représente ce que vous valez financièrement. C'est la différence entre l'actif et le passif, c'est-à-dire entre ce que vous possédez et ce que vous devez. Une fois cette opération terminée, vous serez en mesure de savoir ce qu'il vous reste. C'est ce montant qui est le plus important puisqu'il indique s'il y a enrichissement ou appauvrissement.

Quelques principes comptables

Le bilan financier personnel se veut moins technique et rigoureux que le bilan d'entreprise. Il serait sage cependant de retenir quelques principes comptables qui en faciliteront la compréhension:

- · principe de l'entité;
- · principe de la continuité;
- · principe de conservatisme;
- · principe de divulgation.

Définition de ces principes

Le principe de l'entité est la base sur laquelle le bilan financier reposera, c'est-à-dire le bilan personnel ou le bilan du couple. Le but visé ainsi que les objectifs poursuivis pourront influencer ce principe.

81

Le principe de la continuité établit que lors de la préparation du bilan, vous ne tenez pas compte de diverses éventualités telles que décès, invalidité, divorce, faillite ou toute autre situation qui entraînerait une liquidation forcée du patrimoine familial.

Le principe de conservatisme consiste à établir une valeur estimative réaliste de l'ensemble de vos biens. Cette valeur est en quelque sorte le montant d'argent que vous pourriez obtenir si vous vendiez ces biens ou encore si vous deviez les liquider.

Le principe de la divulgation consiste à intégrer dans votre bilan toutes les informations pertinentes qui seraient susceptibles de modifier votre portrait financier. L'absence d'informations ou d'éléments d'informations pourrait altérer l'évaluation et la décision d'un utilisateur éventuel tel qu'un prêteur.

Le bilan personnel de Claude

Afin de vérifier votre compréhension et de vous aider à rédiger votre propre bilan, nous vous suggérons de préparer le bilan personnel de Claude en utilisant la page suivante et les données ci-dessous. N'oubliez pas de tenir compte des principes comptables.

Claude est un homme célibataire de 32 ans. Il occupe depuis huit ans le poste de directeur adjoint des ressources humaines dans une entreprise privée. Ses revenus nets s'établissent à près de 24 000 $ par année (42 000 $ brut).

Ensemble des avoirs et des dettes de Claude:

- impôt à payer   500 $
- valeur du véhicule automobile   4 200 $
- solde sur cartes de crédit: 2 750 $
  - Master Card   1 450 $
  - Simon's   850 $
  - Ultramar   450 $
- argent en banque   500 $
- prêt à un parent   250 $
- obligations d'épargne   500 $
- solde sur marge de crédit   2 000 $
- œuvres d'art   500 $
- emprunt personnel (automobile)   6 800 $
- comptes à payer (achat à paiements différés)   1 200 $
- part dans une société en commandite acquise
  à 5 000 $ dont la valeur au marché est
  estimée à près de 1 000 $ (à déterminer)
- assurance vie au décès de Claude   100 000 $
- emprunt à son frère remboursable dans
  deux ans (aucun document légal)   2 000 $
- valeur du chalet de son amie   30 000 $

BILAN DE _____ **DATE** _____

ACTIFS COURANTS
Argent en main _____ $
Argent en banque _____
Obligations d'épargne _____
Impôt à recevoir _____
Valeur listée des placements _____
Comptes à recevoir _____
Taxes payées à l'avance _____
Billets à recevoir _____
Dépôts à terme _____
Marchandises en main _____
Autre actif _____
Total des actifs courants: _____ $

ACTIFS FIXES
Valeur de rachat - Assurance vie _____ $
Valeur non listée _____
Prêt hypothécaire _____
Résidence familiale _____
Immeuble(s) _____
Automobile(s) _____
Fournitures et équipements _____
Prêts à des particuliers, etc. _____
Régime enregistré d'épargne-retraite _____
Fonds de pension enregistré _____
Autre actif _____
Total des actifs fixes: _____ $

TOTAL DES ACTIFS: _____ $

PASSIFS EXIGIBLES À COURT TERME
Comptes à payer _____ $
Solde sur cartes de crédit _____
Solde sur marges de crédit _____
Achats à paiements différés _____

Impôt fédéral et provincial à payer   _____
Emprunts personnels   _____
Emprunts à des particuliers   _____
Versements sur contrat   _____
Autre passif   _____
Total des passifs exigibles à court terme   _____ $

PASSIFS EXIGIBLES À MOYEN ET À LONG TERME

Emprunt payable après 1 an   _____ $
Emprunt sur assurance vie   _____
Hypothèques sur immeubles   _____
**Total des passifs exigibles à moyen et à
long terme**   _____ $

TOTAL DES PASSIFS: _____ $

VALEUR NETTE: _____ $

TOTAL DES PASSIFS ET VALEUR NETTE: _____ $

85

RÉPONSE À L'EXERCICE

BILAN DE   Claude   **DATE** _____

ACTIFS COURANTS

Argent en main	_____ $	
Argent en banque	500	
Obligations d'épargne	500	
Impôt à recevoir	_____	
Valeur listée des placements	_____	
Comptes à recevoir	_____	
Taxes payées à l'avance	_____	
Billets à recevoir	_____	
Dépôts à terme	_____	
Marchandises en main	_____	
Autre actif	_____	
Total des actifs courants:		1 000 $

ACTIFS FIXES

Valeur de rachat - Assurance vie	_____ $	
Valeur non listée	1 000	
Prêt hypothécaire		
Résidence familiale	_____	
Immeuble(s)	4 200	
Automobile(s)	_____	
Fournitures et équipements	250	
Prêts à des particuliers, etc.	_____	
Régime enregistré d'épargne-retraite	_____	
Fonds de pension enregistré		
Autre actif (œuvres d'art)	500	
Total des actifs fixes:		5 950 $

TOTAL DES ACTIFS: 6 950 $

PASSIFS EXIGIBLES À COURT TERME

Comptes à payer	____ $
Solde sur cartes de crédit	2 750
Solde sur marges de crédit	2 000
Achats à paiements différés	1 200
Impôt fédéral et provincial à payer	500
Emprunts personnels	6 800
Emprunts à des particuliers	____
Versements sur contrat	____
Autre passif	____
Total des passifs exigibles à court terme	13 250 $

PASSIFS EXIGIBLES À MOYEN ET À LONG TERME

Emprunt payable après 1 an	2 000 $
Emprunt sur assurance vie	____
Hypothèques sur immeubles	____
Total des passifs exigibles à moyen et à long terme	2 000 $

TOTAL DES PASSIFS: 15 250 $

VALEUR NETTE: (8 300) $

TOTAL DES PASSIFS ET VALEUR NETTE: 6 950 $

Commentaires généraux sur le bilan de Claude

Le bilan personnel de Claude démontre une valeur nette négative de 8 300 $. Étant donné que Claude est sur le marché du travail depuis plus de huit ans, nous pouvons en conclure qu'il a une tendance marquée à l'endettement.

Dans la préparation du bilan, vous avez réparti les différentes données entre les actifs et les passifs. Une fois les montants calculés pour chaque poste de bilan, vous avez effectué les totaux et soustrait le total des passifs du total des actifs pour obtenir la valeur nette. Vous avez tenu compte des principes comptables suivants: principe de l'entité (chalet de son amie), principe de la continuité (assurance vie au décès), principe de conservatisme (société en commandites) et principe de la divulgation (emprunt à son frère).

Analyse du bilan de Claude

L'analyse d'un bilan personnel permet de connaître les renseignements suivants: le niveau de liquidité des avoirs, l'ampleur de l'endettement, les dettes éventuelles et la valeur nette du patrimoine.

À partir du bilan personnel de Claude et en tenant compte des connaissances acquises jusqu'à maintenant, formulez vos commentaires:

Commentaires sur le bilan de Claude

- fonds de roulement insuffisant, voire faible (faibles liquidités dans les comptes de banque en rapport avec les revenus nets);
- fonds d'urgence insuffisant, voire faible (faibles liquidités dans des placements réalisables à très court terme permettant de faire face aux imprévus);
- aucune provision pour l'achat du prochain véhicule automobile;
- aucune provision pour le paiement des achats à paiements différés;
- achat prématuré d'un investissement à risque élevé[1] (sociétés en commandites);
- accumulation des soldes sur ses cartes de crédit;
- niveau d'endettement élevé;
- valeur nette négative.

Exercice: votre bilan financier

Maintenant que vous avez participé à la préparation et à l'analyse d'un bilan personnel, pourquoi ne pas faire le vôtre? Utilisez la page suivante et complétez votre bilan personnel. Ensuite, formulez vos commentaires sur votre propre situation.

---

1. Avant de songer à un tel investissement, Claude aurait dû s'assurer de son fonds de roulement ainsi que de son fonds d'urgence. De plus, il aurait dû focaliser sur le remboursement de sa dette ainsi que sur la capitalisation dans un régime enregistré d'épargne-retraite.

BILAN DE _____ **DATE** _____

ACTIFS COURANTS

Argent en main _____ $
Argent en banque _____
Obligations d'épargne _____
Impôt à recevoir _____
Valeur listée des placements _____
Comptes à recevoir _____
Taxes payées à l'avance _____
Billets à recevoir _____
Dépôts à terme _____
Marchandises en main _____
Autre actif............... _____
Total des actifs courants: _____ $

ACTIFS FIXES

Valeur de rachat - Assurance vie _____ $
Valeur non listée _____
Prêt hypothécaire _____
Résidence familiale _____
Immeuble(s) _____
Automobile(s) _____
Fournitures et équipements _____
Prêts à des particuliers, etc. _____
Régime enregistré d'épargne-retraite _____
Fonds de pension enregistré _____
Autre actif _____
Total des actifs fixes: _____ $

TOTAL DES ACTIFS: _____ $

PASSIFS EXIGIBLES À COURT TERME
Comptes à payer   _____ $
Solde sur cartes de crédit   _____
Solde sur marges de crédit   _____

      _____

Achats à paiements différés   _____
Impôt fédéral et provincial à payer   _____
Emprunts personnels   _____
Emprunts à des particuliers   _____
Versements sur contrat   _____
Autre passif   _____
Total des passifs exigibles à court terme   _____ $

PASSIFS EXIGIBLES À MOYEN ET À LONG TERME
Emprunt payable après 1 an   _____ $
Emprunt sur assurance vie   _____
Hypothèques sur immeubles   _____
**Total des passifs exigibles à moyen et
à long terme**   _____ $

TOTAL DES PASSIFS: _____ $

VALEUR NETTE: _____ $

TOTAL DES PASSIFS ET VALEUR NETTE: _____ $

Vos commentaires sur votre bilan personnel

_____

_____

_____

_____

_____

_____

_____

Points importants à retenir et/ou tâches à accomplir:
- Avoir une image claire de sa situation financière.
- Rédiger son bilan une fois par année.
- Respecter les grands principes comptables.
- Comparer son bilan avec celui de l'année antérieure.
- Faire une analyse critique de sa situation.

CHAPITRE 7

LA MAÎTRISE DE L'ENDETTEMENT ET LA GESTION JUDICIEUSE DES INSTRUMENTS DE CRÉDIT À LA CONSOMMATION

La problématique de l'endettement

Vous sentez-vous obsédé par le remboursement de l'ensemble de vos dettes? Avez-vous le sentiment qu'une fois vos versements mensuels effectués, il ne vous reste plus grand-chose pour vos dépenses de consommation courante? La frustration aidant, ne vous arrive-t-il pas d'utiliser à nouveau votre crédit pour défrayer une partie de ces coûts? Voilà la boule de neige qui se met à rouler… et le cercle vicieux se perpétue. Vous reconnaissez-vous dans cette dynamique?

Eh oui! le monde du crédit a bien changé depuis la fin des années 60.

«Au cours des vingt-huit dernières années, il s'est produit des mutations importantes dans les domaines de la dette, de la consommation et du budget des ménages. Cette nouvelle ère coïncide avec la promulgation en 1967 de la Loi des banques qui permettait à celles-ci, pour la première fois, de s'immiscer dans le marché du crédit à la consommation. Ainsi, la technologie aidant, le crédit et particulièrement le crédit à la consommation est devenu un outil beaucoup plus maniable dans le secteur financier.

Pour l'ensemble des ménages au cours de cette période, le crédit à la consommation a pris une place intégrante et importante dans le budget, exerçant ainsi une forte influence sur leur santé économique et sociale.

Auparavant, les consommateurs utilisaient davantage le crédit pour l'achat de biens dispendieux, lesquels faisaient alors l'objet de décisions plus discrétionnaires. Aujourd'hui, le crédit est utilisé beaucoup plus par les consommateurs pour obtenir des prêts plus modiques et de petites avances pour financer l'achat de biens essentiels[1]».

Depuis la promulgation en 1967 de la Loi sur les banques, les consommateurs n'ont cessé d'accroître leur taux d'endettement. Selon des données en provenance du ministère de l'Industrie et du Commerce, le taux d'endettement du consommateur québécois atteignait près de 68 % du revenu disponible en 1992. Quant aux ménages canadiens, le taux d'endettement selon la Banque du Canada atteignait près de 78 % du revenu disponible cette même année. (Nous entendons par revenu disponible, le revenu brut des ménages moins les impôts des particuliers aux deux paliers de gouvernement.)

---

1. Extrait d'un document intitulé «Une proposition d'étude, le crédit et l'endettement chez le consommateur québécois», par Gilles Laterrière et Maurice Berthelot.

L'éveil et la prise de conscience du consommateur, plus qu'un impératif

Face à cette situation de surendettement, il est important de s'éveiller et de s'outiller pour réagir à la facilité déconcertante avec laquelle les fournisseurs de crédit octroient le crédit. Compte tenu de la vive compétition, il ne faut pas s'attendre à ce que ces derniers jouent un rôle éducatif auprès du consommateur. Ils n'ont pas comme préoccupation première la santé financière de leurs clients ni l'établissement de conditions favorables permettant le remboursement des prêts. Les fournisseurs de crédit sont là avant tout pour réaliser des profits et se tailler une part importante du marché. En tant que consommateur, vous devez donc vous doter de règles d'or afin de vous prémunir contre l'endettement et cesser d'accorder une confiance aveugle aux fournisseurs de crédit. Voyez maintenant ce à quoi pourraient ressembler ces règles d'or.

Quelques règles d'or pour mieux maîtriser l'endettement

«En 1994, l'ensemble des consommateurs ne s'est pas encore doté de règles d'or afin de maîtriser l'endettement. Aujourd'hui, de plus en plus de consommateurs gèrent leur budget de ménage non en fonction de la somme des dettes, mais plutôt en fonction de la somme des versements périodiques (mensualités) permis et déterminés par les prêteurs[2].»

Si nous effectuons un retour dans les décennies 40, 50 et au début des années 60, nous pouvons constater que les consommateurs de l'époque s'étaient dotés de règles d'or afin d'éviter l'endettement. En voici quelques-unes que j'ai recueillies auprès de personnes de cette génération:

2. *Ibid.*

- Payez comptant les biens de consommation courante: essence, nourriture, vêtements, etc.;
- N'empruntez que dans l'extrême nécessité, car emprunter peut être considéré comme déshonorant;
- Fournissez le maximum de comptant sur l'achat de biens de valeur. Remboursez vos emprunts sur la plus courte période de temps possible;
- Ne contractez pas un emprunt quelconque sans tenir compte de l'incidence sur le budget;
- Vivez selon vos moyens;
- Ssoyez responsable et agissez en bon père de famille;
- Considérez l'impact des dettes plutôt que la somme des remboursements.

Même si le crédit est une arme à double tranchant, on ne peut tout de même pas s'empêcher de lui accorder les mérites qui lui reviennent. Le crédit est devenu aujourd'hui un élément essentiel au développement de notre économie. Par exemple, le crédit permet à de petites et moyennes entreprises de démarrer, aux locataires d'accéder à la propriété, aux étudiants de poursuivre leurs études et aux investisseurs de financer plusieurs de leurs placements. Suite à la description des bienfaits du crédit, on pourrait difficilement imaginer s'en passer à l'aube du XXIe siècle. Cependant, le crédit mal utilisé peut devenir un cauchemar et une source de problèmes sans issue pour le consommateur. À vous d'en décider autrement.

Afin de nous prémunir contre l'endettement tout comme l'a fait la génération des années 45-67, ne pourrions-nous pas trouver nos propres règles d'or? En voici quelques-unes que nous vous soumettons:

- Considérez l'impact de toute nouvelle dette sur le budget annuel;
- N'empruntez que pour acheter le nécessaire;
- N'empruntez pas si vous ne pouvez rembourser le capital et l'intérêt dans le délai prescrit;
- Payez comptant tous les frais de consommation courante: nourriture, essence, vêtements, grille-pain, dépenses personnelles, etc. (si vous utilisez une carte de crédit, remboursez toujours à la fin du mois);
- Ne financez pas l'achat d'un bien plus longtemps que sa durée de vie;
- Effectuez un versement comptant minimum de 50 % sur les achats de luxe: meubles antiques, bateaux, bijoux de valeur, toiles de maîtres, etc.;
- Lors de l'achat d'un véhicule automobile, effectuez un versement comptant minimum de 10 % en plus de la valeur résiduelle de l'ancien véhicule. De plus, ayez les sommes nécessaires pour acquitter les taxes;
- Effectuez un versement comptant minimum de 25 % sur l'achat d'une résidence unifamiliale et choisissez une période d'amortissement ne dépassant pas 20 ans;
- Calculez à la fin de chaque année les intérêts versés sur l'ensemble de la dette.

Nous avons énuméré quelques règles qui nous apparaissent importantes. Sans doute, pourriez-vous allonger cette liste. Utilisez l'espace ci-après et établissez vos propres règles d'or.

Mes règles d'or

_____

_____

_____

_____

_____

_____

_____

_____

Comment les institutions financières évaluent votre capacité à rembourser vos emprunts?

Afin de déterminer votre capacité à assumer vos engagements financiers lorsque vous empruntez auprès d'une institution financière, celle-ci utilise des critères qui lui sont propres. Parmi ceux-ci, notons:

· votre historique de crédit;
· votre capacité à respecter l'ensemble de vos engagements financiers;
· votre avoir net (actif moins passif);
· votre stabilité d'emploi et votre situation familiale.

Ces critères peuvent varier d'une institution à l'autre et votre prêteur a le privilège de se servir de son pouvoir discrétionnaire tout en tenant compte d'autres facteurs susceptibles de «fermer ou d'ouvrir le robinet».

Parmi l'ensemble des critères énumérés précédemment, le plus important est le rapport entre vos engagements financiers mensuels et vos revenus bruts mensuels connu sous l'appellation de A.T.D., c'est-à-dire l'amortissement total de la dette. Ce rapport s'exprime en pourcentage et permet aux institutions financières d'identifier votre niveau d'endettement ainsi que votre capacité à assumer vos engagements financiers. Voyons comment se calcule l'A.T.D.

Tableau 12
L'amortissement total de la dette

$$\frac{\text{Engagements financiers mensuels totaux x 100 \%}}{\text{Revenus mensuels bruts}} = \frac{\text{Amortissement total}}{\text{de la dette}}$$

Description des engagements financiers mensuels

- coût du loyer (capital, intérêts, taxes, frais communs);
- remboursement de l'ensemble des prêts;
- contrat de location;
- pension alimentaire exigible ou coûts relatifs aux personnes à charge (frais de garde);
- remboursement des cartes de crédit et des marges de crédit;
- autres dettes: impôts, emprunts à des particuliers ou endossements.

Description des revenus bruts mensuels

- salaires;
- commissions, pourboires;
- revenus d'appoint;
- revenus de placements;
- revenus de pension, R.R.Q., R.A.M.Q., P.S.V.;
- pension alimentaire;

· allocations de chômage;
· revenus de profession ou d'entreprise;
· etc.

Le barème de l'A.T.D. utilisé par les institutions financières varie selon les politiques de chacune d'elles. Au moment
d'écrire ces lignes, l'A.T.D. semblait osciller entre 34 % et
40 %. Cependant, mon opinion est que l'A.T.D. ne devrait
pas dépasser le taux de 30 %, afin de permettre une plus
grande marge de manœuvre pour l'ensemble des autres
dépenses budgétaires.

Calcul de l'A.T.D. de la famille «Étouffée par les dettes»

La famille «Étouffée par les dettes» rencontre son conseiller
afin d'obtenir un emprunt de 3 000 $ pour l'achat d'un
voyage-vacances dans le Sud.

Voici les informations retenues par le conseiller afin de
déterminer l'A.T.D.:

· remboursement mensuel de l'hypothèque	747,44 $
· taxes sur base mensuelle	199,37 $
· remboursement mensuel emprunt de Monsieur	618,73 $
· limite des cartes de crédit Monsieur et Madame	6 000,00 $
· limite de marge de crédit Monsieur et Madame	5 000,00 $
· revenu brut mensuel de Madame	1 733,00 $
· revenu brut mensuel de Monsieur	2 800,00 $

Voyons maintenant comment le conseiller procédera pour
établir l'A.T.D. (amortissement total de la dette) de la
famille «Étouffée par les dettes».

Tableau 13
Calcul de l'A.T.D.

HYP. MENS.	+ TAXES	+ EMPR. PERS.	+ CARTES CRÉDIT	+ MARGE CRÉDIT	+ PENSION ALIM.		
747,44	+ 199,37	+ 618,73	+ 300[3]	+ 150[4]	+ -	= 2 015,57 $	= 44.4 %

$$\frac{747,44 + 199,37 + 618,73 + 300^3 + 150^4 + -}{\underbrace{1733,00\ \$}_{\substack{\text{REVENUS BRUTS MENSUELS} \\ \text{MADAME}}} + \underbrace{2800,00\ \$}_{} \quad \underbrace{4\ 533,00\ \$}_{\substack{\text{REVENUS BRUTS MENSUELS} \\ \text{MONSIEUR}}}} = 2\ 015,57\ \$ = 44.4\ \%$$

L'A.T.D. de la famille «Étouffée par les dettes» se situe à 44.4 %. Ce qui signifie un taux d'endettement très élevé. Compte tenu de ce taux, aucune institution financière respectable ne devrait accepter de lui prêter la somme de 3 000 $ pour la réalisation de son projet de voyage-vacances dans le Sud. Pour ma part, je soutiens que le taux d'endettement de la famille «Étouffée par les dettes» ne devrait pas dépasser 30 %. Dans ces conditions, il lui est impossible d'obtenir un prêt. Bien sûr, si notre famille s'entête à vouloir obtenir ce prêt à tout prix, il se trouvera probablement un prêteur qui prendra le risque, mais... à quel taux d'intérêt!

À partir des éléments que nous avons vus sur l'A.T.D., calculez votre amortissement total de la dette.

---

3. Ce montant représente 5 % de l'ensemble des limites de crédit.
4. Ce montant représente 3 % de la limite de la marge de crédit.

Tableau 14
Votre amortissement total de la dette[5]

HYP. + TAXES + EMPR. + CARTES + MARGE + PENSION						
MENS.	PERS.	CRÉDIT	CRÉDIT	ALIM.		
+	+	+	+	+	=	$ x 100 = %
	$	+	$			
REVENUS BRUTS MENSUELS	+	REVENUS BRUTS MENSUELS				
MONSIEUR		MADAME				

Votre pourcentage de l'A.T.D. est-il raisonnable? À vous d'en juger. Ci-dessous, un tableau qui vous permettra de formuler votre autocritique.

de 0 % à 30 % :   endettement raisonnable
31 % à 35 %:   endettement élevé
40 % et plus: endettement critique

L'utilisation judicieuse des instruments de crédit à la consommation

Il existe un grand nombre d'instruments de crédit: cartes de crédit, prêts personnels, contrats de vente à tempérament, marges de crédit, etc. Dans cette section, nous aborderons les plus connus d'entre eux à l'exception des prêts hypothécaires que nous verrons plus loin dans le chapitre «L'achat d'une résidence unifamiliale». Par la suite, nous formulerons certaines suggestions quant à l'utilisation judicieuse de ces instruments. Rappelez-vous avant toute chose les règles d'or pour maîtriser l'endettement.

---

5. La méthode de calcul de l'A.T.D. proposée ci-haut peut varier quelque peu d'une institution à l'autre. Afin d'avoir une idée plus précise de votre A.T.D., informez-vous auprès d'un conseiller de votre institution financière.

Les cartes de crédit

Les cartes de crédit peuvent être utilisées afin d'obtenir un délai de paiement sur l'achat de biens et de services ou encore pour obtenir des avances de fonds lorsqu'elles sont émises par des institutions bancaires. Les institutions imposent une limite de crédit aux détenteurs bien que celle-ci puisse faire l'objet d'une révision. Aucun intérêt ne vous sera réclamé si vous acquittez votre solde dans les délais prescrits. Cependant, si vous dépassez ces délais, l'intérêt exigé par ces institutions prêteuses sera généralement supérieur aux taux pratiqués sur les prêts personnels.

Quelques suggestions sur l'utilisation des cartes de crédit
- utilisez le minimum de cartes de crédit;
- ne dépassez pas l'équivalent d'un mois de revenu net pour l'ensemble de vos limites de crédit;
- assurez-vous que tous vos achats sont compris dans votre budget;
- remboursez le solde de vos cartes tous les mois.

Les prêts personnels

Ce genre de prêts est accessible dans toutes les institutions financières (banques, caisses populaires, fiducies). Les compagnies de prêts aux consommateurs (compagnies de finance) accordent aussi ce genre de prêts. Les deux principaux types de prêts personnels qui sont offerts par les institutions prêteuses sont: les prêts à taux fixe et les prêts à taux variable.

L'avantage du prêt à taux fixe est qu'il permet de mesurer avec précision son engagement financier à l'égard de l'institution prêteuse. Si vous empruntez un capital de 8 000 $ à un taux de 11 % remboursable sur une période de 48 mois, vous aurez à effectuer des remboursements fixes de 206,76 $ par mois pendant toute cette période.

Si vous désirez connaître votre coût réel en intérêts, vous n'avez qu'à effectuer l'opération suivante:

(nombre de versements x versements mensuels) - montant de l'emprunt =
(48 x 206,76 $) - 8 000,00 $ = 1 924,48 $

Pour ce genre de prêts, les taux d'intérêt peuvent varier considérablement selon qu'il s'agisse d'une institution bancaire ou d'une compagnie de finance. Nous avons déjà constaté chez des compagnies de finance des taux d'intérêt frôlant la barre des 40 %. Quant aux conditions qui peuvent vous être consenties par votre prêteur, elles dépendent de plusieurs facteurs: le montant du prêt, la durée de remboursement, l'objectif du prêt, votre avoir net, votre capacité à rembourser ainsi que votre historique de crédit. Les taux d'intérêt peuvent varier légèrement d'une institution financière à une autre, mais seront considérablement plus élevés s'il s'agit d'une compagnie de finance.

Quelques suggestions sur l'utilisation des prêts personnels
· n'empruntez que pour acheter le nécessaire;
· vérifiez les conditions auprès de deux institutions financières avant de contracter votre emprunt;
· remboursez votre prêt sur la plus courte échéance possible;

· remboursez votre prêt sur une base hebdomadaire lorsque cela est possible;
· évitez de contracter un deuxième prêt tant que le premier n'est pas remboursé;
· évitez d'effectuer un emprunt de consolidation lorsque cela est possible. Ce genre de prêt reporte la dette sur une plus longue période, augmente quelquefois le coût des intérêts et crée une illusion quant aux nouvelles capacités de remboursement;
· remboursez votre prêt par anticipation si vous avez des épargnes en sus dans votre fonds de roulement ou dans votre fonds d'urgence.

Les contrats de vente à tempérament

Les contrats de vente à tempérament (contrats de vente conditionnelle) sont offerts généralement par l'entremise des marchands pour l'achat de biens: meubles, appareils électroménagers, automobiles et maisons mobiles. Lorsque vous signez un contrat de vente à tempérament, le contrat est dans la plupart des cas cédé à une institution financière ou à une compagnie de finance. Si c'est le cas, vous devrez acquitter vos versements mensuels auprès de celle-ci et vous ne deviendrez propriétaire des biens que lorsque vous aurez terminé tous vos versements.

Les taux d'intérêt pour ce genre de prêt s'apparentent à ceux des prêts personnels offerts par les institutions financières et lors de promotions spéciales ils peuvent même être inférieurs. De toute façon, avant de signer un contrat de vente à tempérament, vérifiez toujours le taux d'intérêt réel et assurez-vous d'obtenir les meilleures conditions de financement. Faites attention aux attrapes comme celle-ci: «Promotion spéciale 24 versements de 10 $ par semaine». Dans certains cas, vous auriez avantage à vérifier le taux d'intérêt réel offert par le marchand.

Quelques suggestions sur l'utilisation des contrats de vente à tempérament

· magasinez et comparez les prix avant d'accepter une promotion axée sur les taux d'intérêt;

· vérifiez les conditions d'un prêt auprès d'une autre institution financière;

· remboursez votre prêt dans le plus court laps de temps possible;

· évitez de signer un deuxième contrat de vente à tempérament tant que le premier n'est pas honoré;

· remboursez votre prêt par anticipation si vous avez des épargnes en sus dans votre fonds de roulement ou dans votre fonds d'urgence.

Les marges de crédit

Les marges de crédit peuvent être obtenues auprès de la majorité des institutions financières ainsi qu'auprès des compagnies de finance. Cet instrument de crédit est en quelque sorte un pouvoir d'emprunt préautorisé continu qui se renouvelle au fur et à mesure que vous effectuez vos versements. Les marges de crédit ne sont pas consenties à tout le monde; elles sont généralement accordées aux personnes qui présentent de l'expérience dans la gestion de leurs finances personnelles ainsi qu'une bonne capacité de remboursement. Quoique les taux d'intérêt soient souvent plus avantageux que ceux des prêts personnels, ils ne sont pas fixes et varient selon le taux de base des institutions financières ainsi que le taux du marché. Les versements exigés par les institutions représentent un montant fixe ou un faible pourcentage du solde.

Cette forme de crédit doit être utilisée avec beaucoup de prudence, car elle incite très souvent à vivre au-dessus de ses moyens. De façon générale, je ne recommande l'usage de ce genre de crédit que lorsque les intérêts sont déductibles d'impôt ou encore lorsqu'il s'agit d'investir dans un bien susceptible d'acquérir de la valeur. L'utilisation d'une marge de crédit par un salarié aux fins de consommation courante dénote habituellement une carence au niveau du fonds de roulement et du fonds d'urgence.

Quelques suggestions sur l'utilisation des marges de crédit

· évitez d'utiliser une marge de crédit pour votre consommation courante;

· ne négociez avec votre institution que la marge requise pour vos besoins essentiels;

· n'utilisez votre marge que pour un investissement, lorsque les intérêts sont déductibles d'impôt;

· acquittez fidèlement, tous les mois, les versements minimums exigés par votre institution;

· remboursez le plus rapidement possible.

La marge de crédit avec garantie hypothécaire

La marge de crédit avec garantie hypothécaire ressemble en tout point à la marge de crédit personnelle, à la différence qu'elle est consentie avec une garantie hypothécaire sur la propriété. Contrairement à la marge de crédit personnelle, elle n'est pas offerte par toutes les institutions prêteuses. Les taux d'intérêt sont souvent plus avantageux que ceux des prêts personnels et sont fréquemment inférieurs au taux de la marge de crédit personnelle. Tout comme la marge de crédit personnelle, les taux de la marge de crédit avec garantie hypothécaire ne sont pas fixes et varient selon le taux de base des institutions ainsi que ceux du marché. Contrairement aux autres formes de prêt que nous avons vues, vous devez vous attendre à défrayer des frais juridiques pour la préparation de l'acte de prêt.

Cette forme de crédit peut vous permettre de procéder à des investissements importants: rénovation de votre propriété, achat d'un terrain, d'un chalet, d'un bateau, etc. Mais attention! Cet instrument de crédit doit être utilisé avec beaucoup de prudence. Si vous n'envisagez pas de vendre votre propriété à court ou à moyen terme pour rembourser votre emprunt, vous devez vous établir un échéancier de remboursement et effectuer vos versements mensuels avec beaucoup de discipline.

Quelques suggestions sur l'utilisation de la marge de crédit avec garantie hypothécaire

- utilisez cette marge lorsque votre hypothèque est complètement acquittée;
- utilisez le montant nécessaire;
- assurez-vous d'être en mesure d'effectuer les versements minimums exigés par votre institution;
- n'utilisez jamais cette marge pour la consommation courante à moins d'envisager de vendre votre propriété à court terme pour acquitter votre emprunt.

La protection à découvert

La protection à découvert est une forme de prêt préautorisé qui permet à votre institution bancaire d'encaisser vos chèques lorsque vous n'avez pas les fonds nécessaires. Le montant à découvert est généralement plafonné et les frais d'administration de cet instrument de crédit sont assez élevés. Quant aux taux d'intérêt, ils s'apparentent à ceux des cartes de crédit et les modalités de remboursement varient d'une institution à l'autre. Certaines institutions exigent que vous remboursiez dans un court délai tandis que d'autres n'imposent pas de limite de temps.

Cette forme de crédit ne doit être considérée qu'à titre de dépannage exceptionnel, car les coûts d'utilisation sont assez élevés. Il serait sage de ne pas avoir recours à cet instrument de crédit, mais plutôt de tenir à jour son carnet de position[6] et de maintenir constamment son fonds de roulement selon les critères vus précédemment (voir le chapitre 2).

> **Quelques suggestions sur l'utilisation de la protection à découvert**
> - évitez d'utiliser ce genre de crédit;
> - n'utilisez qu'un montant à découvert limité, uniquement si vous n'avez pas d'autre choix. Ce montant ne doit jamais dépasser votre loyer ou votre remboursement hypothécaire;

---

6. Le carnet de position permet de tenir à jour vos transactions bancaires et de connaître en tout temps votre solde bancaire disponible. Vous pouvez vous procurer ce carnet auprès de votre institution bancaire.

- n'utilisez ce prêt que temporairement, c'est-à-dire tant que vous n'aurez pas constitué un fonds de roulement suffisant;
- remboursez ce prêt le plus rapidement possible et constituez votre fonds de roulement pour ne plus avoir recours à votre découvert bancaire.

Le prêt sur la police d'assurance vie

Ce genre de prêt vous permet d'emprunter auprès de votre assureur un montant d'argent ne dépassant pas généralement 90 % de la valeur de rachat de votre police. Une fois utilisé, le montant de l'emprunt réduit la valeur nominale de votre police jusqu'à concurrence de la valcur du prêt. Vous pouvez obtenir ce prêt à des conditions comparables à ceux des prêts personnels. Notez que la grande majorité des polices émises avant l'année 1968 comportent des taux très avantageux. Certaines de ces polices vous permettent d'emprunter à des taux aussi bas que 5 %. Les conditions de remboursement des emprunts sur les polices d'assurance vie sont très accessibles et généralement très souples.

Quelques suggestions sur l'utilisation des prêts sur les polices d'assurance vie

- n'utilisez ces polices que pour les situations d'urgence;
- ne les utilisez jamais pour vos dépenses de consommation courante;
- remboursez les intérêts chaque année;
- remboursez le capital dès que possible en utilisant un mode de versements préautorisé.

Points importants à retenir et/ou tâches à accomplir:
- Cesser d'accorder une confiance aveugle aux fournisseurs de crédit.
- Se doter de règles d'or pour une utilisation judicieuse du crédit.
- Calculer à la fin de chaque année le coût des intérêts pour l'ensemble de la dette.
- Calculer son A.T.D.
- N'emprunter que lorsque cela est nécessaire.
- Agir toujours en personne responsable.

CHAPITRE 8

LA PROTECTION DU REVENU LORS D'UNE INVALIDITÉ OU D'UN DÉCÈS

Les deux principales sources de revenus

Si vous faites abstraction des revenus qui découlent des lois sociales dont peuvent bénéficier les Québécois, vous pouvez considérer qu'il n'y a que deux sources importantes de revenus: la personne au travail et l'argent au travail. Votre sécurité financière, pour votre avenir, dépendra en grande partie de ces deux variables.

Exemple I: la personne au travail

Si votre revenu brut moyen est de 35 000 $ par année entre l'âge de 25 ans et de 65 ans, vous aurez gagné en tout une somme de 1 400 000 $ pendant toute votre vie active. Ce revenu après impôt et autres déductions à la source vous permettra de maintenir votre niveau de vie et de préparer graduellement la transition entre la personne au travail et l'argent au travail, c'est-à-dire votre indépendance financière.

Exemple II: l'argent au travail

Si vous avez économisé systématiquement pendant toutes ces années un montant de 3 500 $ par année au taux de 8,5 % et ce, dans un régime enregistré d'épargne-retraite, vous aurez accumulé, aux âges ci-dessous, les montants suivants:

35 ans.................. 56 336 $
50 ans................ 298 742 $
65 ans............. 1 122 856 $

Si tel est le cas, à l'âge de 65 ans, vous n'aurez aucune difficulté à effectuer la transition entre la personne au travail et l'argent au travail. Bien sûr, vous serez peut-être porté à croire qu'il s'agit d'un modèle théorique. C'est pourtant une réalité. Cependant, si vous ne voulez pas dépendre des lois sociales, il vous faudra impérativement protéger votre actif financier le plus précieux, soit la personne au travail.

Le pont de la sécurité

Dans la vie, quatre événements majeurs peuvent vous priver de revenus. Ces événements sont les suivants:

· les difficultés financières (perte d'emploi, faillite, etc.);
· l'invalidité;
· la retraite;
· le décès.

À moins d'avoir constitué un capital substantiel à toute épreuve, vous devrez songer à vous prémunir contre ces événements. Voici quels sont les moyens disponibles pour pallier ces éventualités:

ÉVÉNEMENTS MAJEURS	MOYENS DISPONIBLES
· les difficultés financières	fonds d'urgence, épargne insaisissable, autres placements
· l'invalidité	l'assurance invalidité
· la retraite	régimes de revenus différés: régimes de pension agréés, régimes enregistrés d'épargne-retraite, propriété à revenus, etc.
· le décès	l'assurance vie

Dans ce chapitre, nous verrons comment faire face à deux événements qui peuvent menacer votre sécurité, soit l'invalidité et le décès. Les difficultés financières seront abordées dans le chapitre 11 et la retraite dans le chapitre 12.

Les piliers de la sécurité financière			
LES LIQUIDITÉS (Difficultés financières)	L'ASSURANCE INVALIDITÉ (Invalidité)	L'ÉPARGNE-RETRAITE (Retraite)	L'ASSURANCE INVALIDITÉ (Invalidité)

La protection du revenu pour cause de maladie ou d'accident

Comme la plupart des individus, votre actif financier le plus précieux consiste en votre capacité de gagner un revenu. Vous êtes-vous déjà interrogé sur les conséquences d'une invalidité sur votre niveau de vie actuel? Voyons quelques statistiques importantes concernant l'invalidité.

Le tableau ci-dessous vous donne un aperçu des probabilités d'une invalidité d'une durée d'au moins trois mois, à différents âges de votre vie.

Tableau 15
Table de morbidité
(probabilité d'une invalidité)

ÂGE	%
25 ans	58
30 ans	54
35 ans	50
40 ans	45
45 ans	40
50 ans	33
55 ans	23

(Source: Table de morbidité C.I.D.A. de 1985. Données établies d'après les demandes d'indemnisation présentées par des personnes assurées.)

Le tableau suivant vous donne un aperçu de la durée moyenne d'une invalidité dépassant 90 jours à différents âges de votre vie.

Tableau 16
Table de morbidité
(durée d'une invalidité)

ÂGE	ANNÉES
25 ans	2,1
30 ans	2,5
35 ans	2,8
40 ans	3,1
45 ans	3,2
50 ans	3,1
55 ans	2,6

(Source: Table de morbidité C.I.D.A. de 1985. Données établies d'après les demandes d'indemnisation présentées par des personnes assurées.)

Pour la majorité des individus, l'assurance vie est devenue un produit de consommation courante. Il en est tout autrement pour ce qui a trait à l'assurance invalidité. Il est pourtant intéressant de comparer les possibilités de devenir invalide par suite de maladie ou de blessures avec le risque de décès prématuré. Au cours de votre carrière, le risque de subir une invalidité de longue durée est beaucoup plus élevé que celui de décéder.

Le tableau suivant permet de comparer les risques d'invalidité de longue durée versus le décès.

Tableau 17
Table comparative des risques d'invalidité de longue durée versus le décès

ÂGE	PROBABILITÉ D'INVALIDITÉ VS DÉCÈS
27 ans	2,7 sur 1
37 ans	3,3 sur 1
42 ans	3,5 sur 1
47 ans	2,8 sur 1
52 ans	2,2 sur 1

(Source: Société des actuaires 1985.)

Sommaire des protections du revenu relevant des lois sociales

Si vous ne détenez aucune protection d'assurance invalidité tant collective qu'individuelle, êtes-vous de ceux qui comptent sur les régimes relevant des lois sociales? Afin d'en savoir davantage sur ces lois, j'ai pensé vous les présenter dans l'essentiel.

La Loi sur l'assurance-chômage

La Loi sur l'assurance-chômage est administrée par le ministère du Développement des ressources humaines. Ce régime prévoit des prestations lorsqu'un travailleur cesse de travailler et d'être rémunéré par suite de maladie, blessure ou mise en quarantaine. Si l'employé répond aux critères d'admissibilité, il peut toucher des prestations après 2 semaines d'attente pour la durée de l'incapacité et ce, jusqu'à un maximum de 15 semaines.

La Loi sur les accidents du travail et les maladies professionnelles (Québec)

La Loi sur les accidents du travail et les maladies professionnelles est administrée par la Commission de la santé et de la sécurité du travail du Québec (C.S.S.T.). L'indemnité de remplacement du revenu est versée au travailleur victime d'une lésion professionnelle s'il devient incapable d'exercer son emploi en raison de cette lésion. Ce régime n'est pas universel et ne protège pas toutes les catégories de travailleurs.

Le régime des rentes du Québec

Le régime des rentes du Québec est administré par la Régie des rentes du Québec. Le droit aux diverses rentes est assujetti à des conditions propres à chacune d'entre elles. De plus, le cotisant bénéficiaire doit avoir versé des cotisations sur une période minimale qui varie selon le type de rente. La rente d'invalidité est versée après une période de carence de quatre mois à une personne âgée de moins de 65 ans reconnue invalide par la Régie et qui a cotisé à un nombre minimal requis d'années.

Une personne âgée de moins de 60 ans peut être déclarée invalide si elle ne peut exercer régulièrement aucune activité véritablement rémunératrice et si son incapacité doit durer indéfiniment.

Par contre, la personne qui a entre 60 et 65 ans peut être déclarée invalide si elle ne peut plus occuper régulièrement l'emploi habituel rémunéré qu'elle occupait au moment où elle a cessé de travailler en raison de son invalidité.

La Loi sur l'assurance-automobile (Québec)

La Loi sur l'assurance-automobile est administrée par la Société de l'assurance-automobile du Québec. Celle-ci garantit à tous les Québécois (conducteurs, passagers, piétons ou autres usagers de la route) qui sont victimes de dommages corporels causés par un accident d'automobile, des indemnités et ce, sans qu'il ne soit tenu compte de leur responsabilité. Une indemnité de remplacement du revenu est prévue pour diverses catégories de victimes.

La Loi sur la sécurité du revenu

La Loi sur la sécurité du revenu (anciennement la Loi sur l'aide sociale) est administrée par le ministère de la Sécurité du revenu et englobe les trois programmes suivants: le programme actions positives pour le travail et l'emploi (APTE), le programme aide aux parents pour leurs revenus de travail (APPORT) et le programme de soutien financier.

Pour obtenir des renseignements supplémentaires sur ces programmes, composez le numéro suivant: Montréal (514) 873-2145 ou 1 800 361-4743

Le tableau suivant représente un survol des principaux objectifs des régimes abordés précédemment ainsi que les revenus qu'ils peuvent éventuellement vous procurer. Les données ci-dessous ont été recueillies en 1994.

Tableau 18
Régimes relevant de lois sociales

RÉGIME	OBJETS DU RÉGIME	PRESTATION DE REVENU
Loi sur l'assurance-chômage (C.A.C.)	Prestations de revenu - perte d'emploi - accident-maladie - autres	Maximum: 447 $ (par semaine) Durée: court terme
Loi sur les accidents du travail et maladies professionnelles (C.S.S.T.)	Remplacement du revenu - lésions professionnelles provocant l'incapacité - autres	Maximum: 90 % du revenu net, maximum assurable de 48 000 $ par année Durée: court, moyen et long terme
Le régime des rentes du Québec (R.R.Q.)	Versement de rentes - rente de survivants - rente de retraité(e) - rente d'invalidité - autres	Maximum: 839,09 $ (par mois) Durée: moyen et long terme
Loi sur l'assurance-automobile (S.A.A.Q.)	Remplacement du revenu - indemnités forfaitaires - indemnités de décès - autres	Maximum: 90 % du revenu net, maximum assurable de 48 000 $ par année Durée: court, moyen et long terme
Loi sur la sécurité du revenu	Prestations de revenu - prestations d'aide sociale - autres	Minimum: 550 $* Maximum: 1 225 $** Durée: basée sur les besoins des prestataires.

Personne seule disponible qui désire participer à une mesure de développement de l'employabilité.
*** Deux adultes avec deux enfants à charge qui participent à une mesure de développement de l'employabilité.*

L'assurance invalidité: un investissement de premier ordre

Comme vous l'avez constaté, à moins de pouvoir réclamer des prestations en vertu de la Loi sur les accidents de travail ou de la Loi sur l'assurance-automobile, vous ne pouvez compter sur les autres régimes pour maintenir votre niveau de vie à la suite d'une invalidité. Si vous ne détenez aucune protection satisfaisante à la suite d'une entente avec votre employeur, à moyen et à long terme, il est temps d'y réfléchir.

Si vous êtes comme la plupart des gens, vous avez déjà assuré vos actifs, c'est-à-dire votre maison, votre auto et vos biens personnels. Ces actifs sont le résultat concret de votre capacité à gagner de l'argent. Si vous assurez vos actifs, n'est-il pas important d'assurer votre actif le plus précieux, à savoir votre revenu? Pensez-y et protégez votre avenir dès aujourd'hui.

À quel genre de protection souscrire?

Le choix judicieux d'un bon contrat d'assurance invalidité est un exercice plus laborieux que le choix d'une police d'assurance vie. Vous aurez à considérer plusieurs facteurs:

- le délai de carence;
- la période de prestations;
- la définition de l'invalidité;
- le montant des prestations;
- les garanties complémentaires;
- les exclusions, etc.

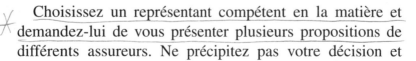

Choisissez un représentant compétent en la matière et demandez-lui de vous présenter plusieurs propositions de différents assureurs. Ne précipitez pas votre décision et prenez le temps d'analyser les différents choix qui vous seront présentés.

Le décès et l'assurance vie

Le Code civil du Québec à l'article 2389 définit ce qu'est le contrat d'assurance vie. Le contrat d'assurance vie est celui par lequel l'assureur, moyennant une prime ou une cotisation, s'oblige à verser au preneur ou à un tiers une prestation dans le cas où un risque couvert par l'assurance se réaliserait.

En termes plus simples, nous pourrions dire que l'assurance vie est une location de capital qui permet de toucher un montant d'argent prédéterminé lors du décès de la personne assurée.

Exemple: Pierre a souscrit à l'âge de 21 ans une police d'assurance vie de 100 000 $ de type temporaire 100 ans sans valeur de rachat[1] et paye une prime annuelle de 275 $.

Dans le cas ci-haut, nous pouvons établir le coût de la location comme suit:

$$\frac{275 \ \$ \times 100 \ \%}{100\ 000 \ \$} = 0,275 \ \% \ par \ année$$

Comme vous pouvez le constater, le coût de location représente à peine 1/4 de 1 % par année. Évidemment, s'il n'y a aucun besoin à couvrir, le coût peut vous sembler élevé.

Les principaux besoins d'assurance vie des particuliers

Les besoins d'assurance vie des particuliers sont nombreux et varient considérablement d'une personne à une autre.

---

1. La valeur de rachat constitue une valeur au comptant que l'assuré peut récupérer lorsqu'il décide de cesser de payer les primes à l'assureur.

Une analyse approfondie de ces besoins par une personne compétente peut faire toute la différence entre le maintien de la sécurité ou l'indigence de l'un des vôtres suite à votre décès. Nous pourrions classer les besoins d'assurance vie des particuliers en trois catégories:

· les besoins à court terme;
· les besoins à moyen terme;
· les besoins à long terme.

Voyons maintenant une façon simple d'évaluer ces besoins avec le cas suivant:

Jacques Sansouci est marié à Pierrette Sanchagrin. Ils ont deux enfants respectivement âgés de 8 ans et 11 ans.

Dans l'hypothèse de son décès, Jacques veut évaluer l'ensemble de ses besoins d'assurance vie afin de protéger sa conjointe ainsi que ses enfants. Pierrette dispose actuellement d'un revenu net de 12 000 $ par année.

Les besoins à court terme

Définir les besoins à court terme permet de faire face à toutes les dépenses et de disposer d'un capital lors du décès. Voici les besoins les plus importants:

· les dépenses reliées au décès (maladie, obsèques, frais juridiques, impôts à payer);
· les comptes à payer;
· les emprunts personnels non couverts par une assurance vie;
· le prêt hypothécaire non couvert par une assurance vie;
· les legs particuliers aux proches ou aux organismes de charité.

Bien que ces besoins ne soient pas les plus substantiels, ils méritent tout de même une évaluation réaliste. Aux personnes qui n'ont aucun dépendant ou aucune personne à charge, nous suggérons de détenir au minimum une protection individuelle[2] représentant l'équivalent d'une à deux fois le revenu annuel brut. Cette protection minimale assure en tout temps les liquidités requises afin d'acquitter les dernières sommes, sans en imputer le fardeau à une tierce personne.

Tableau 19
Besoins en assurance vie (court terme)

ANALYSE DES BESOINS EN ASSURANCE VIE		
BESOINS À COURT TERME	Monsieur	Madame*
- Dernières dépenses	10 000 $	_____ $
- Impôts à payer	5 000	_____
- Prêt personnel non assuré	12 500	_____
- Prêt hypothécaire non assuré		_____
- Legs particuliers	10 000	_____
Total des besoins en capital à court terme	37 500 $	_____ $

* Pour simplifier la tâche aux lecteurs, les besoins de madame n'ont pas été évalués.

Les besoins à moyen terme

Les besoins à moyen terme concernent plus particulièrement les personnes qui ont un conjoint avec des enfants, un

---

2. Nous entendons par protection individuelle toute protection qui n'est pas reliée à un contrat d'assurance collective ou d'association.

conjoint sans enfant ou encore des enfants sans conjoint. Définir les besoins à moyen terme permet d'identifier le manque à gagner des personnes survivantes qui subiraient un préjudice financier lors du décès de l'assuré.

Le manque à gagner pour le conjoint sans enfant ayant un revenu substantiel pourrait représenter un certain revenu mensuel pendant une période variant de deux à cinq ans. Pour le conjoint avec des enfants ou encore pour des enfants sans conjoint survivant, la période devrait se prolonger tant que le plus jeune enfant n'a pas atteint l'âge de 18 ans. Néanmoins, compte tenu des études universitaires, il est plus réaliste dans certains cas de prévoir une période s'étalant jusqu'à l'âge de 25 ans.

Dans l'hypothèse du décès de Jacques, Pierrette évalue son manque à gagner à 1 200 $ par mois et ce, jusqu'au moment où son plus jeune atteindra l'âge de 25 ans.

Tableau 20
Besoins en assurance vie (moyen terme)

BESOINS À MOYEN TERME	Monsieur	Madame
- Revenu mensuel requis pendant une période de 17 ans.	1 200 $	_____ $
Moins (-)		
- Prestation de la R.R.Q.*	**664**	_____
- **Revenu mensuel requis**	**536**	_____
= **Total des besoins en capital à moyen terme**		
[536 $ x 12 x (25 - 8)]	**109 344 $**	_____ $

* *Vous pouvez obtenir une estimation du montant de la rente de conjoint survivant ainsi que de la rente mensuelle d'orphelin en remplissant le formulaire de demande de relevé de participation obtenu auprès de la Régie des rentes du Québec.*

L'analyse des besoins à moyen terme, afin d'assurer un revenu à la famille de Jacques, s'établit à près de 109 344 $. Ce calcul simple ne tient pas compte de l'impôt, de l'inflation ainsi que du rendement sur le capital. Bien qu'il y ait plusieurs façons de calculer ces besoins, nous avons retenu la méthode qui nous semblait la plus simple pour le lecteur.

Les besoins à long terme

Les besoins à long terme sont de deux niveaux. Ils comprennent les coûts directs reliés aux études universitaires des enfants ainsi que les besoins de revenus des personnes qui ne pourraient acquérir leur autonomie financière avant l'âge de la retraite. Ce dernier type de besoins est beaucoup moins fréquent de nos jours. Il se peut que le conjoint, une fois les enfants indépendants, ait besoin d'un certain revenu jusqu'à la retraite ou encore toute sa vie durant. Dans d'autres situations, un enfant handicapé pourrait avoir besoin d'un support financier le reste de ses jours.

Jacques Sansouci veut prévoir un fonds pour les frais de scolarité de ses enfants. Quoique ces montants puissent être difficiles à déterminer dans les prochaines années, il désire néanmoins s'assurer que ses enfants disposeront d'un fonds de 30 000 $. Quant aux besoins de revenus à long terme concernant Pierrette, il estime qu'ils seront inexistants puisque cette dernière ainsi que les enfants devraient être autonomes financièrement à ce moment-là.

Tableau 21
Besoins en assurance vie (long terme)

BESOINS À LONG TERME	Monsieur	Madame
- Revenu mensuel requis après la période de dé-pendance pendant ____/____	N/A $	____ $
Moins (-)		
- Prestations de la R.R.Q.	N/A	____
- Revenu mensuel requis	N/A	____
a) - Besoins en capital après la période de dépendance	N/A	____
b) - Fonds études post-secondaires	30 000	____
Total des besoins à long terme (a+b)	30 000 $	____ $

Besoins additionnels d'assurance vie de Jacques Sansouci

Une fois que nous avons identifié l'ensemble des besoins à court, à moyen et à long terme de Jacques Sansouci, il ne nous reste qu'à leur soustraire les montants d'assurance vie détenus par celui-ci ainsi que ses placements non enregistrés[3].

---

3. Placements qui ne font pas partie d'un régime enregistré d'épargne-retraite ou d'un régime de pension agréé. Les différents montants afférents aux régimes enregistrés n'ont pas été considérés dans notre analyse puisqu'ils peuvent faire l'objet d'un transfert libre d'impôt au conjoint lors du décès et devraient être utilisés pour la planification de la retraite de Pierrette.

Tableau 22
Besoins additionnels en assurance vie

BESOINS ADDITIONNELS EN ASSURANCE VIE	Monsieur	Madame
- Besoins à court terme	37 500 $	_____ $
- Besoins à moyen terme	109 344 $	_____
- Besoins à long terme	30 000 $	_____
Total des besoins d'assurance vie	176 844 $	_____
Moins (-)		
Assurance-vie collective	50 000 $	_____
Assurance-vie individuelle	50 000 $	_____
Placements non enregistrés	5 000 $	_____
Total des liquidités au décès	105 000 $	_____ $
BESOINS ADDITIONNELS EN ASSURANCE VIE	71 844 $	_____ $

L'analyse des besoins d'assurance vie de Jacques vous donne un bon aperçu de la façon de procéder afin d'identifier vos propres besoins. Une fois que vous aurez effectué votre propre analyse (voir Analyse des besoins à la page suivante), pourquoi ne pas la comparer avec celle d'un assureur-vie ou d'un planificateur financier de votre choix?

ANALYSE DES BESOINS EN ASSURANCE VIE

BESOINS À COURT TERME	Monsieur	Madame
- Dernières dépenses	10 000 $	10 000 $
- Impôts à payer	1 000	4 000
- Prêt hypothécaire (non assuré)		
- Legs particuliers		
Total des besoins en capital à court terme	11 000 $	14 000 $

BESOINS À MOYEN TERME
- Revenu mensuel requis pendant
  une période de _20 / _____   _____ $ _____ $

Moins (-)
- Prestation de la R.R.Q.   664   664
- Revenu mensuel requis   _____   _____

Total des besoins en capital à
moyen terme   _____ $ _____ $

BESOINS À LONG TERME
- Revenu mensuel requis après
  la période de dépendance
  pendant _____ / _____   n/a $ n/a $

Moins (-)
- Prestation de la R.R.Q.   n/a   n/a
- Revenu mensuel requis   _____   _____

a) - Besoin en capital après la
  période de dépendance*   _____   _____

b) - Fonds études post-secondaires   0   0

Total des besoins à long terme
(a + b)   0 $ 0 $

Compte tenu de l'aspect technique des calculs de cette partie, nous vous suggérons de consulter un assureur-vie ou un planificateur financier.

pourquoi le constituer à ṁ les ans. et
non pas de façon autonome ailleurs
i.e. pourquoi payer pr épargner ?

ANALYSE DES BESOINS EN ASSURANCE VIE

BESOINS ADDITIONNELS EN ASSURANCE VIE

	Monsieur	Madame
- Besoins à court terme	_____ $	_____ $
- Besoins à moyen terme	_____ $	_____ $
- Besoins à long terme	_____ $	_____ $
Total des besoins d'assurance vie	_____ $	_____ $
Moins (-)		
- Assurance vie collective	_____ $	_____ $
- Assurance vie individuelle	_____ $	_____ $
- Placements non enregistrés	_____ $	_____ $
Total des liquidités au décès	_____ $	_____ $
BESOINS ADDITIONNELS EN ASSURANCE VIE	_____ $	_____ $

Les différents genres de contrats d'assurance-vie

Les polices d'assurance vie sont presque toutes issues de trois formules de base: l'assurance temporaire, l'assurance vie entière et l'assurance mixte. Voyons maintenant les caractéristiques de chacune de ces formules.

L'assurance temporaire

En vertu de ce contrat, l'assureur s'engage à verser un capital-décès si l'assuré décède dans une période donnée. Il existe une grande variété d'assurances temporaires. Parmi les plus courantes, notons les contrats à prime fixe de différentes durées: 5, 10, 15 et 20 ans ou encore ceux qui se terminent à des âges prédéterminés de 60, 65 ou 70 ans. Ces contrats comportent généralement une protection fixe pour toute la durée. Il existe une catégorie d'assurance temporaire dont la protection est décroissante: ces contrats ont différentes durées qui peuvent varier entre 10 ans et 30 ans. La prime est généralement fixe pendant toute la durée. La plupart de ces contrats intègrent un droit de transformation qui permet, dans une certaine période donnée, d'acquérir une assurance à plus long terme et cela, sans preuve d'assurabilité.

L'assurance vie entière

Ce genre de contrat comporte une prime nivelée et une protection fixe jusqu'à l'âge de 100 ans. Il comprend les polices que l'on dénomme couramment «les polices avec valeurs de rachat». Ce contrat de type traditionnel présente les caractéristiques suivantes:

· possibilité de rétrocéder la police à l'assureur moyennant une valeur au comptant (valeur de rachat);
· possibilité de cesser de payer les primes et de demeurer assuré pour un montant moindre que le capital assuré (assurance libérée réduite);
· possibilité d'une avance de prime advenant un retard dans le paiement de la prime (avance d'office de la prime);
· possibilité d'un prêt représentant au plus 90 % des valeurs de rachat;
· possibilité de participer aux profits de l'assureur[4] (participation).

L'assurance mixte

La particularité de ce type de contrat consiste à encaisser une somme déterminée si l'assuré est vivant à une date

---

4. Les profits sont mieux connus sous le vocable de dividendes et de participation.

précise ou encore à toucher un capital si l'assuré décède avant cette date. Ce genre de contrat fut fort populaire avant les années 70 dans un marché où les produits financiers de masse étaient plus ou moins développés.

Les produits dérivés

La majorité des contrats d'assurance vie reposent sur ces trois grandes formules de base. Voici deux types de contrats qui obtiennent la faveur du public depuis quelques années et qui découlent de ces grandes formules.

La temporaire à 100 ans

L'assurance-temporaire à 100 ans consiste en une assurance vie à long terme comportant une protection fixe et une prime nivelée. Dans certains cas, ce type d'assurance peut ressembler étrangement à l'assurance vie de type vie entière avec toutes ses caractéristiques. Cependant, il est possible de souscrire à un tel contrat pour une prime très inférieure à la vie entière s'il ne comporte pas toutes les caractéristiques reliées à la vie entière traditionnelle (voir caractéristiques de l'assurance vie entière).

L'assurance vie universelle

L'assurance vie universelle est un concept qui a été développé au début des années 80. La hausse substantielle des taux d'intérêt a poussé les consommateurs à remettre en cause leurs contrats traditionnels. Plusieurs d'entre eux ont troqué leurs polices d'assurance vie pour des produits leur procurant un meilleur rendement sur leurs épargnes. Les assureurs-vie ont dû s'ajuster rapidement pour répondre aux nouveaux besoins de leur clientèle. Aujourd'hui, la grande majorité des contrats d'assurance vie universelle se caractérisent par leur souplesse, leur flexibilité ainsi que le rendement des épargnes.

La particularité de l'assurance vie universelle

L'assurance vie universelle se différencie des formules de base du fait qu'elle intègre deux éléments distincts: la protection et l'épargne. Dans la majorité des contrats, la protection est constituée d'une assurance vie temporaire renouvelable un an ou d'une temporaire à 100 ans sans valeur de rachat. Quant à l'épargne, elle peut être investie dans des véhicules de capitalisation comportant différents niveaux de risques et qui répondent davantage aux objectifs de placements des consommateurs.

L'un des objectifs de ce concept d'assurance vie est de permettre l'accumulation d'épargnes dont les rendements seront exemptés d'impôt pendant toute la période de capitalisation. Après un certain nombre d'années, ces épargnes serviront à libérer le paiement de la protection de base et ce, jusqu'à l'échéance du contrat (100 ans).

Le choix de l'assurance vie

Quoique les assureurs-vie aient tendance à offrir une plus grande variété de protections sur ces contrats, les deux formules les plus populaires demeurent pour l'instant l'assurance temporaire renouvelable un an ainsi que la temporaire à 100 ans.

La différence entre ces deux genres de protection est la suivante:

La prime de l'assurance vie temporaire renouvelable un an est établie sur le risque de mortalité au moment de la souscription et celle-ci augmente par la suite chaque année et ce, jusqu'à l'échéance du contrat. Quant à l'assurance temporaire à 100 ans, la prime est nivelée pour la durée du contrat.

Avant de souscrire à l'une ou l'autre de ces protections, il est important d'en connaître les avantages et désavantages ainsi que l'impact sur l'ensemble de votre contrat.

Le choix des placements

Comme nous l'avons mentionné précédemment, l'assurance vie universelle se compose de deux éléments distincts: la protection et l'épargne. Le choix des véhicules de placements varie considérablement d'une institution à une autre. Ceux-ci se composent généralement des placements ci-dessous:

· intérêt quotidien;
· dépôts à terme;
· fonds distincts de placement[5].

Le choix des véhicules de placement ne devrait pas se faire à la légère. Vous devriez en tout temps tenir compte de votre seuil de tolérance au risque et choisir des placements avec lesquels vous vous sentez confortable.

Établissement de la prime

La prime d'une police d'assurance vie universelle est composée des éléments suivants:
· le coût net de l'assurance;
· le coût des garanties complémentaires (exonération des primes, décès accidentel, etc.);

---

5. Fonds ayant les particularités des fonds d'investissement.

· les frais de gestion;
· les taxes sur les primes.

Le titulaire dépose des sommes dans sa police. C'est lui qui décide du montant des dépôts qu'il effectuera sachant qu'il peut les modifier de temps à autre sans pour autant les diminuer au-dessous d'un montant minimum prévu au contrat. Par la suite, l'assureur-vie soustrait de ces dépôts le coût net de l'assurance, le coût des garanties complémentaires, les frais de gestion et les taxes sur les primes. Le solde constitue le capital qui générera des revenus de placements libres d'impôt[6].

Aspect fiscal de l'assurance vie universelle

Les revenus de placement générés par la police d'assurance vie universelle sont considérés comme un abri fiscal[7]. Voyons succinctement le traitement fiscal qui est réservé à l'épargne pendant la durée de vie du contrat.

· Pendant la période de capitalisation
Les revenus de placement sont exonérés d'impôt[8].
· Au décès
Les revenus de placements sont exonérés d'impôt.
· Lors d'un retrait
Il n'y a pas d'imposition dans les premières années. Il y a imposition progressive par la suite et ce, jusqu'à concurrence de 100 % selon la durée du contrat.

---

6. La portion capital dont les revenus sont exempts d'impôt est soumise à des limites imposées par le fisc.
7. *Ibid.*
8. *Ibid.*

Les avantages de l'assurance vie universelle

Parmi les principaux avantages que nous retrouvons dans la grande majorité des polices d'assurance vie universelle, notons les aspects ci-dessous:

- possibilité de se libérer rapidement du paiement des primes avant l'échéance tout en conservant la même protection;
- possibilité d'omettre plusieurs versements de prime et ce, en fonction des épargnes accumulées;
- possibilité d'y intégrer une vaste gamme de produits de protection et d'épargne;
- possibilité d'y intégrer plusieurs assurés;
- possibilité d'un report d'impôt sur les revenus de placement.

Quelques considérations

Ce type de contrat semble très attrayant à prime abord. Cependant, nous croyons que l'acheteur éventuel devrait remplir certaines conditions avant de songer à intégrer une assurance vie universelle dans son portefeuille. Ces conditions sont les suivantes:

- avoir un besoin d'assurance vie à long terme;
- disposer d'un fonds de roulement ainsi que d'un fonds d'urgence;
- ne plus avoir de dettes[9];
- contribuer au maximum dans son régime enregistré d'épargne-retraite[10].

---

9. Cette condition ne s'applique pas lorsque la protection est constituée d'une temporaire à 100 ans.
10. *Ibid.*

Les éléments importants à considérer lors de l'achat d'une police d'assurance vie

Le monde de l'assurance vie peut vous apparaître parfois complexe et fort technique et vous n'avez peut-être pas tort de penser ainsi. Il y a certains aspects importants que vous devez considérer avant de souscrire à une police d'assurance vie. Voici quelques suggestions qui pourront vous guider à l'avenir:

- établissez un lien de confiance avec votre assureur-vie;
- tenez compte de sa formation, de son expérience et de ses projets de carrière;
- exigez une analyse approfondie de vos besoins;
- comblez d'abord tous vos besoins de protection avant de songer à souscrire à une police d'assurance vie avec de l'épargne;
- tenez compte de vos capacités budgétaires;
- achetez des produits que vous comprenez bien et abstenez-vous d'acheter des produits qui vous apparaissent trop complexes;
- informez-vous de la solvabilité de l'assureur (compagnie d'assurance vie).

Points importants à retenir et/ou tâches à accomplir:

· Dans la vie, il y a quatre événements majeurs qui peuvent vous priver en partie ou en totalité de vos revenus. Ces événements sont les suivants: les difficultés financières (perte d'emploi, faillite), l'invalidité, la retraite et le décès.

· À l'âge de 30 ans, vous avez 54 % de chances d'être frappé d'une invalidité de plus de trois mois.

· À part certains régimes tels que la S.A.A.Q. et la C.S.S.T., vous ne pouvez compter sur les régimes d'État pour maintenir votre niveau de vie, à la suite d'une invalidité.

· Choisir un bon contrat d'assurance-invalidité est un exercice laborieux.

· Une analyse approfondie de vos besoins d'assurance vie peut faire toute la différence entre le maintien de la sécurité ou l'indigence de l'un des vôtres suite à votre décès.

· Protégez votre actif financier le plus précieux, soit la personne au travail, si vous ne voulez pas dépendre uniquement des mesures sociales.

· Choisissez un conseiller compétent et comparez diverses propositions en provenance de plusieurs assureurs.

· Considérez certains aspects importants avant la souscription d'un contrat d'assurance vie. Établissez un lien de confiance avec votre assureur-vie et demandez une analyse complète de vos besoins.

CHAPITRE 9

L'ACHAT D'UN
VÉHICULE AUTOMOBILE

L'utilisation d'un véhicule automobile

Dans ce chapitre, j'essaierai de répondre, avec la collaboration du CAA-Québec et de la revue *Actif*, aux questions qui me sont posées le plus fréquemment. Pour ceux qui demeureront en appétit et qui voudraient approfondir leurs connaissances sur le sujet, je leur suggère l'ouvrage conçu et élaboré sous la supervision du CAA-Québec et intitulé *Vous et votre automobile*.

L'ensemble des dépenses reliées à l'utilisation d'un véhicule automobile représente des coûts fort importants. Après les frais d'habitation et quelquefois ceux de l'alimentation, ces coûts se situent parmi les plus élevés du budget familial. L'achat d'un véhicule automobile ne devrait pas être pris à la légère et par conséquent devrait faire l'objet d'une analyse budgétaire en profondeur. Mon expérience m'a démontré qu'une grande partie de mes clients sous-estiment le coût réel de l'usage d'un véhicule automobile.

Quel est le conseil le plus approprié pour l'acheteur d'un premier véhicule automobile?

Avant de prendre une décision concernant l'achat d'un premier véhicule, il vous faut bien prendre le temps d'évaluer l'ensemble des coûts directs et indirects reliés à l'usage de votre futur véhicule. Une fois les coûts établis, vous devriez faire votre budget et déterminer si vous pouvez envisager cet achat sans hypothéquer votre qualité de vie ainsi que votre santé financière.

Quel est le coût annuel de l'ensemble des frais reliés à l'usage d'un véhicule automobile?

Il est difficile d'identifier avec précision l'ensemble des frais reliés à l'usage d'un véhicule automobile. Chaque véhicule automobile peut représenter des coûts différents. Soulignons qu'au CAA-Québec, l'on estimait en 1994 à 34,2 ¢ le kilomètre parcouru le coût d'une voiture compacte.

Quel est le revenu annuel brut requis par un particulier pour considérer l'achat d'un véhicule automobile?

Il n'existe pas de tels critères permettant de déterminer le revenu annuel brut requis afin de procéder à l'achat d'un véhicule automobile. Cependant, plusieurs conseillers budgétaires conseillent de ne pas consacrer plus de 15 % du budget personnel ou familial aux dépenses reliées à l'automobile.

De quel comptant devriez-vous disposer pour l'achat d'un véhicule automobile?

Vous devriez éviter de vous endetter pour toutes dépenses de consommation et envisager dans la mesure du possible de payer comptant votre véhicule automobile. Il faudrait prévoir dans votre planification budgétaire un poste qui vous permettrait de capitaliser suffisamment afin d'emprunter au minimum.

J'imagine déjà vos réactions suite à la lecture de ces dernières lignes: «Payer comptant, ce n'est pas réaliste!». Si vous ne pouvez payer comptant, la grande majorité des conseillers budgétaires vous suggèrent une mise de fonds initiale d'au moins 20 % du prix d'achat du véhicule automobile. Quant au financement, il ne devrait jamais dépasser 48 mois.

Est-il plus avantageux de louer ou d'acheter un véhicule automobile?

«Les versements mensuels sont généralement moins élevés dans le cas de la location à long terme d'un véhicule que dans le cas d'un emprunt pour acheter ce même véhicule. Toutefois, pour bien comparer la location à long terme et l'achat, faites l'hypothèse que vous achetez le véhicule à la fin du contrat de location.

«Tenez compte, dans le cas de la location à long terme, du total des versements que vous avez effectués, y compris les taxes de vente sur ceux-ci, de la valeur résiduelle du véhicule et des taxes de vente payables sur celle-ci pour acheter le véhicule à la fin de la période de location et, s'il y a lieu, des intérêts pour financer cette valeur résiduelle. Comparez le total que vous obtenez avec le total des versements si vous empruntez pour acheter le véhicule. La plupart du temps, l'achat semble plus avantageux[1].»

---

1. Extrait de *Vous et votre automobile*, de CAA-Québec et Michel Durand, Montréal, CAA-Québec/Édibec inc., coll. «Actif», 1994.

Qu'est-ce qu'une location avec option d'achat?

«La location avec option d'achat est un bail avec valeur résiduelle garantie en vertu duquel vous garantissez au locateur la valeur résiduelle du véhicule à la fin du contrat.

«Vous disposez d'un délai de deux jours suivant la réception d'un bail avec valeur résiduelle garantie pour l'annuler sans frais, sauf si le véhicule loué est neuf et que vous en avez déjà pris possession.

«La valeur résiduelle est estimée par le locateur à la signature du bail. Il s'agit de la valeur au prix de gros du véhicule à la fin de la période de location. Vous pouvez acquérir le véhicule, à la fin du contrat, pour cette valeur. Si vous n'achetez pas le véhicule, le locateur doit le vendre. S'il est vendu à un prix supérieur à la valeur résiduelle, vous empochez la différence. Dans le cas contraire, vous devez combler la différence jusqu'à concurrence de 20 % de la valeur résiduelle[2].»

Sur le plan strictement budgétaire, est-il préférable d'envisager l'achat d'un véhicule automobile usagé ou d'un véhicule neuf?

À moins de disposer d'une boule de cristal, il est presque impossible de répondre à cette question. Dans la majorité des cas, la voiture neuve risque de vous coûter moins cher en réparations, tandis que la voiture usagée représentera une dépense de dépréciation beaucoup moins élevée que la voiture neuve. Alors, faites vos jeux!

Il est intéressant de constater qu'actuellement le marché des véhicules automobiles usagés est très actif, tandis que

---

2. *Ibid.*

celui des voitures neuves est plutôt léthargique. Bien entendu, les coûts prohibitifs de plusieurs nouveaux modèles portent à réfléchir et vous inciteront peut-être à considérer de plus en plus l'achat d'un véhicule usagé.

Quels sont les avantages reliés à l'achat d'une automobile d'occasion?

«Les économies réalisées à l'achat d'une automobile d'occasion sont sans contredit le principal avantage à acheter ce genre de voiture. En effet, un véhicule neuf entretenu, parcourant en moyenne 20 000 kilomètres par année, se déprécie de 25 % à 30 % durant la première année d'usage. Il perd entre 15 % et 20 % de sa valeur résiduelle durant la deuxième année, 10 % à 15 % durant la troisième année et moins de 10 % pour les années subséquentes.

«Certains critères, tels l'offre et la demande pour le même modèle neuf, l'augmentation ou la diminution du prix du même modèle neuf ou encore la marque et le modèle du véhicule peuvent influencer la dépréciation à la hausse ou à la baisse. Il est possible de trouver des véhicules ayant deux années d'usure pour la moitié du prix d'achat original.

«Il y a d'autres avantages à acheter une automobile d'occasion. Compte tenu de la dépréciation du véhicule, les primes d'assurance sont moins élevées. De plus, après quelques années, les pièces de rechange sont plus faciles à trouver et sont souvent moins chères. En effet, les pièces réusinées de même que les pièces des fabricants indépendants font leur apparition sur le marché[3].»

---

3. *Ibid.*

Quels sont les inconvénients reliés à l'achat d'une automobile d'occasion?

«Évidemment, il y a des désavantages à acheter une automobile d'occasion. Vous n'êtes jamais totalement certain des antécédents de la voiture. De plus, alors que la dépréciation est moins rapide que sur un véhicule neuf, les dépenses d'entretien sont souvent plus élevées. Enfin, les garanties sont moins complètes que pour un véhicule neuf[4].»

Quelles sont les premières questions que vous devez vous poser avant d'acheter un véhicule neuf?

«L'achat d'un véhicule neuf est une décision importante et ne représente pas une mince tâche. En effet, vous paierez et conduirez probablement ce véhicule pendant plusieurs années. Prenez les précautions qui s'imposent pour effectuer un bon achat. Allez-y méthodiquement.

«Vous avez situé de façon réaliste le poste «transport» dans votre budget? Avant de porter votre attention sur une marque de véhicule et d'entreprendre la grande tournée des concessionnaires, établissez le type de véhicule le plus conforme à vos besoins. Cette démarche peut réduire le choix de véhicules qui s'offrent à vous, vous simplifier la tâche, vous éviter bien des déceptions et, peut-être, vous faire économiser de fortes sommes. Prenez le temps de réfléchir et répondez à quelques questions:

· Avez-vous déjà une autre voiture?
· Combien de personnes devront y prendre place?
· Avez-vous besoin de beaucoup d'espace de chargement?

---

4. *Ibid.*

· Conduirez-vous principalement en ville ou sur les autoroutes?
· Est-ce que les performances sont importantes?
· Avez-vous à faire du remorquage?
· Quelles options sont nécessaires et lesquelles ne le sont pas?

«Naturellement, vous pouvez compléter cette démarche par vos propres réflexions sur le sujet[5].»

Quel est le meilleur moment de l'année pour acheter un véhicule?

«Malheureusement, il est impossible de dire exactement quel est le meilleur temps pour magasiner et acheter une automobile. Par exemple, certaines automobiles sont très en demande peu importe la saison. Néanmoins, à certains moments de l'année ou du mois, il peut être plus facile de négocier un bon prix.

«Il est souvent préférable d'acheter un véhicule neuf à l'automne. À l'aube d'une nouvelle année automobile, vous obtiendrez un bon prix pour votre voiture actuelle et vous éviterez aussi les quelques hausses que subissent les voitures neuves au fil des saisons. Par contre, les premières voitures livrées chez les concessionnaires sont souvent "suréquipées". Avant d'investir pour cet équipement, évaluez bien quels sont vos besoins réels. De plus, comme l'attrait du nouveau suscite beaucoup d'intérêt, le vendeur, plus sûr de lui, peut être un peu moins disposé au marchandage pour les nouveaux modèles.

«L'hiver est la saison morte pour les vendeurs d'automobiles. Entre décembre et février, ils ont souvent des

---

5. *Ibid.*

difficultés à atteindre leurs objectifs. Vous avez donc plus de chance de négocier un bon prix de vente. De plus, si vous faites beaucoup de kilométrage, le premier hiver devrait être affronté le plus tôt possible de sorte que les problèmes susceptibles d'apparaître seront découverts pendant la période de garantie du fabricant.

«Le printemps est la période de l'année au cours de laquelle il y a le plus de transactions de véhicules entre particuliers. Si vous désirez vendre vous-même votre véhicule avant d'en acheter un neuf, il s'agit sans doute de la meilleure saison pour le faire. N'allez pas croire toutefois que vous épargnez ainsi un hiver à votre nouvelle voiture. Vous aurez peut-être la surprise de constater que la voiture achetée au printemps a, en fait, passé tout l'hiver dehors… dans la cour du concessionnaire.

«En été, quoi de mieux que de partir en vacances avec une voiture neuve? Comme il s'agit de la mi-année pour les vendeurs d'automobiles, vous pouvez parfois négocier le prix de certains modèles invendus. Vous éviterez ainsi les hausses de prix que subissent les nouveaux modèles à leur sortie à l'automne. Mais magasinez! Le modèle invendu n'a pas nécessairement l'équipement que vous désirez ou peut-être a-t-il plus que ce dont vous avez besoin[6].»

Quelles sont les vérifications importantes avant de choisir un véhicule usagé?

«Que vous achetiez une voiture d'occasion d'un commerçant ou d'un particulier, certaines vérifications s'imposent.

---

6. *Ibid.*

· L'examen minutieux du véhicule

Procédez à un examen minutieux du véhicule. Vous n'avez pas besoin d'avoir les connaissances d'un mécanicien ou d'un expert pour vérifier certains éléments:

· La carrosserie et la peinture sont-elles en bon état?
· Les panneaux de la carrosserie sont-ils bien alignés?
· La semelle des pneus est-elle usée et si elle l'est, l'usure est-elle égale?
· En regardant sous le véhicule, pouvez-vous déceler des fuites?
· Pouvez-vous remarquer certaines zones d'humidité dans l'habitacle et sous le tapis du coffre arrière?
· Y a-t-il des points d'ancrage pour les dispositifs de retenue des sièges d'enfants?

Si vous achetez d'un particulier, demandez-lui de vous montrer les factures d'entretien et celles des réparations effectuées sur le véhicule. Demandez également si le véhicule a été impliqué dans une collision et si certaines parties ont été repeintes. Enfin, pourquoi ne pas vérifier la raison pour laquelle le véhicule est en vente?

· L'essai sur route

L'essai sur route d'un véhicule d'occasion est une des étapes importantes. Ne vous contentez pas d'un petit tour, l'essai devrait durer au moins une quinzaine de minutes et se faire sur un trajet varié afin de vous permettre de juger du comportement du véhicule sous diverses conditions, par exemple sur l'autoroute, en conduite urbaine, sur un chemin accidenté, etc.

Au cours de l'essai, vérifiez les points suivants:

- La voiture démarre-t-elle bien?
- Les témoins lumineux fonctionnent-ils au démarrage?
- Les accessoires tels que les phares, les clignotants et les cadrans fonctionnent-ils tous?
- Entendez-vous des bruits qui vous semblent anormaux?
- Avez-vous essayé le véhicule dans tous les rapports de transmission en marche avant puis en marche arrière?
- À vitesse constante, la voiture a-t-elle tendance à dévier sur une voie dégagée ou sur le terre-plein?
- En accélération, les performances du moteur sont-elles acceptables?
- En freinage brusque, les freins répondent-ils efficacement et la voiture dévie-t-elle de sa trajectoire?
- Le frein d'urgence fonctionne-t-il?
- Y a-t-il un «jeu» dans la direction?
- Des fumées suspectes s'échappent-elles du pot d'échappement?
- Le niveau sonore dans l'habitacle vous paraît-il acceptable?

- L'inspection mécanique

Bien qu'elle ne soit pas obligatoire, une inspection mécanique par un mécanicien de confiance est toujours recommandée. Ces quelques dizaines de dollars que vous débourserez pour l'inspection peuvent vous en sauver plusieurs centaines. Cette inspection devrait comprendre, entre autres, un essai sur route ainsi qu'une vérification de l'état du fonctionnement des composantes suivantes:

- le système de refroidissement;
- le moteur;
- l'alimentation en carburant;
- l'allumage;
- l'échappement;
- la transmission;
- la direction;
- la suspension;
- les freins;
- le système électrique;
- les instruments et accessoires;
- l'odomètre;
- la carrosserie;
- le châssis;
- l'habitacle.

Demandez que l'on vous remette un rapport écrit précisant les réparations nécessaires immédiatement et celles qui le seront sous peu[7].»

Est-ce que les garanties s'appliquent à l'achat de tous les véhicules automobiles?

«Peu importe que vous achetiez un véhicule neuf d'un concessionnaire d'automobiles ou un véhicule d'occasion d'un commerçant ou d'un particulier, certaines garanties sont prévues par le Code civil du Québec. Il s'agit de la garantie du droit de propriété et de la garantie de qualité, c'est-à-dire la garantie contre les vices cachés. Par ailleurs, la Loi sur la protection du consommateur (LPC) prévoit aussi des garanties, dont certaines sont semblables à celles prévues par le

---

7. *Ibid.*

Code civil du Québec, lorsqu'un consommateur achète un véhicule d'un commerçant.

«Le particulier qui vend un véhicule peut limiter ou se soustraire aux garanties légales par une disposition expresse à cet effet, par exemple: "L'acheteur achète à ses risques et périls". Toutefois, même lorsque le contrat de vente exclut les garanties légales, vous avez droit à ces garanties si le vendeur connaissait le vice et ne vous en a pas fait part au moment de la vente. Quant aux commerçants, ils sont présumés connaître les vices affectant les biens qu'ils vendent.

«Une garantie conventionnelle supérieure à ce qui est prévu par la loi peut vous être offerte. C'est le cas, par exemple, des fabricants d'automobiles pour les véhicules neufs.

«Lorsque vous achetez un véhicule d'occasion, les garanties conventionnelles du fabricant ou d'une entreprise offrant une prolongation des garanties sont transférables si elles sont toujours en vigueur. Toutefois, dans le cas des garanties prolongées, des frais de transfert peuvent être exigés[8].»

Quels sont les prêteurs potentiels et les différences?

«Les deux principales sources de financement pour l'achat d'un véhicule sont les institutions financières telles les banques, les caisses populaires ou les sociétés de fiducie et les concessionnaires d'automobiles. Les sociétés de crédit également appelées compagnies de finance peuvent aussi vous prêter de l'argent. Toutefois, les conditions des prêts consentis par ces sociétés sont souvent peu avantageuses.

---

8. *Ibid.*

· Les emprunts auprès des institutions financières

Avant d'entreprendre toute démarche d'achat d'un véhicule automobile prenez rendez-vous avec les officiers de crédit de diverses institutions financières. Dites-leur que vous désirez acheter un véhicule et que vous souhaitez connaître les conditions des prêts qu'ils peuvent vous consentir.

Les taux d'intérêt peuvent varier selon votre situation personnelle, par exemple votre salaire, votre actif et votre passif, mais aussi selon le versement initial que vous pouvez effectuer sur le véhicule, le terme du prêt ou le fait que le véhicule soit neuf ou usagé.

Si vous êtes membre d'une association professionnelle ou d'un club d'automobilistes, renseignez-vous. En effet, vous pouvez peut-être bénéficier d'une réduction de taux d'intérêt auprès de certaines institutions financières. Rappelez-vous qu'une petite différence de 1 % peut faire une grosse différence au terme d'un emprunt de 36, 48 ou 60 mois.

Demandez un prêt préautorisé à l'endroit où l'on vous fait la meilleure offre. Vous n'êtes pas obligé de l'utiliser et le taux d'intérêt sera garanti par l'institution financière pour un certain temps, par exemple 30, 60 ou 90 jours. S'il y a lieu, vous serez aussi en mesure de comparer les conditions de crédit de l'institution financière avec les offres de financement des concessionnaires d'automobiles[9].»

---

9. *Ibid.*

- Les emprunts par l'entremise des concessionnaires d'automobiles

«Les prêts que consent un concessionnaire sont une source importante de profit pour lui. Il fera tout son possible pour vous convaincre d'emprunter par son intermédiaire. Avant d'accepter son offre, soyez certain que vous agissez dans votre meilleur intérêt. N'acceptez rien sans avoir magasiné votre crédit auprès d'institutions financières locales.

Lorsque vous faites une demande de prêt chez un concessionnaire, celui-ci communique les renseignements vous concernant à une institution prêteuse. Il peut s'agir d'une société de crédit liée à un fabricant d'automobiles, par exemple Chrysler Credit ou General Motors Acceptance Corporation ou d'une institution financière locale. C'est l'institution prêteuse qui décide si le concessionnaire peut vous consentir un prêt et à quelles conditions.

Les sociétés de crédit liées aux fabricants d'automobiles offrent de plus en plus des taux d'intérêt concurrentiels pour stimuler les ventes d'automobiles neuves. Par contre, si le concessionnaire fait appel à une institution financière locale, que vous achetiez un véhicule neuf ou usagé, le taux d'intérêt est habituellement un peu plus élevé que si vous empruntiez directement de cette dernière.

Lorsqu'une institution prêteuse autorise un concessionnaire à vous consentir un prêt, celui-ci vous fait signer un contrat et cède ensuite des droits, contre rémunération, à l'institution prêteuse. L'institution prêteuse devient solidairement responsable avec le concessionnaire des obligations de ce dernier. Par exemple, si le concessionnaire refuse d'honorer les garanties du fabricant, vous pouvez le forcer, de même que l'institution prêteuse, à honorer ces garanties[10].»

Les emprunts auprès des sociétés de crédit
«Les sociétés de crédit se spécialisent dans les prêts à risques élevés. Le crédit y est facile à obtenir mais les taux d'intérêt offerts sont très élevés. Ils peuvent facilement dépasser le double et même le triple des taux offerts par les institutions financières ou les concessionnaires d'automobiles. Vous ne devriez recourir aux services des sociétés de crédit qu'en dernier ressort, pour des petits montants, par exemple pour l'achat d'un véhicule usagé à bas prix, et seulement si on refuse de vous faire crédit partout ailleurs[11].»

10. *Ibid.*
11. *Ibid.*

Points importants à retenir et/ou tâches à accomplir:

· L'achat d'un véhicule ne devrait jamais être pris à la légère, mais plutôt faire l'objet d'une analyse budgétaire en profondeur.

· En 1994, le CAA-Québec estimait le coût d'utilisation d'une voiture compacte à 34,2 ¢ le kilomètre parcouru.

· Les experts conseillent de ne pas consacrer plus de 15 % du budget personnel ou familial aux dépenses reliées à l'automobile.

· Plusieurs précautions s'imposent afin d'effectuer un bon achat.

· Que vous achetiez un véhicule neuf (d'un concessionnaire d'automobiles) ou un véhicule d'occasion (d'un commerçant ou d'un particulier), sachez que certaines garanties sont prévues par le Code civil du Québec.

· Les sociétés de crédit se spécialisent dans les prêts à risques élevés. Le crédit y est facile à obtenir, mais les taux d'intérêt offerts sont très élevés.

· Envisagez de payer comptant l'achat de votre véhicule automobile.

· Rencontrez les officiers de crédit de diverses institutions financières avant de procéder à l'achat d'un véhicule automobile. Par la suite, comparez les conditions des prêts qu'ils peuvent vous offrir.

CHAPITRE 10

L'ACHAT D'UNE RÉSIDENCE UNIFAMILIALE

Quel est le meilleur choix: être locataire ou propriétaire?

Certains analystes financiers ont déjà développé une approche tendant à démontrer les avantages de l'un par rapport à l'autre. À mon avis, l'achat d'une propriété[1] est d'abord un choix personnel motivé par un besoin de liberté, de sécurité et de confort. Je n'ai donc pas l'intention de vous démontrer qu'il peut être plus rentable de demeurer locataire ou encore de devenir propriétaire. Si vous avez le goût d'améliorer votre qualité de vie par l'achat d'une propriété, poursuivez la lecture de ce chapitre.

Le choix d'une résidence est une aventure passionnante. Il vous importe cependant de tenir compte de vos besoins ainsi que de votre capacité financière. Il va de soi que vous ne devez pas prendre de décision sous l'impulsion du

---

1. Aux fins de compréhension de ce chapitre, nous excluons tous genres de propriétés à revenus telles que duplex, triplex, etc.

moment. Alors, gare à vos émotions! L'achat d'une propriété doit résulter avant tout d'une démarche intelligente et rationnelle.

Avant de procéder à l'achat, vous devez répondre aux questions suivantes: Est-ce que j'ai les moyens d'assumer l'achat, les dépenses d'entretien et les coûts reliés à la propriété? Suis-je prêt à considérer les responsabilités que cette décision incombe: entretien du terrain, de la maison, déneigement, gestion du budget, etc.?

L'achat d'une propriété, c'est une forme d'épargne systématique à court, à moyen et à long terme. Même si, pendant les premières années, vos frais sont plus élevés que la location d'un appartement, il ne faut pas oublier que le remboursement de l'hypothèque représente à long terme une forme d'épargne substantielle. Un constat sur le plan financier: il est peu probable que vous perdiez à long terme lorsque vous achetez une résidence. Le prix des maisons va presque toujours en augmentant. Même s'il y a des hauts et des bas, sur une longue période, vous ne pouvez vous tromper, car la tendance est presque toujours à la hausse à part quelques exceptions (ex.: une fermeture d'usine dans une petite région).

L'évaluation de vos moyens financiers

Conditions préalables

Avant de songer à l'achat d'une propriété, vous devriez avoir franchi les sept premières étapes de la pyramide de la gestion financière (voir chapitre 2). Procéder prématurément aurait pour objet de mettre en péril la conservation de votre propriété ou encore d'hypothéquer votre sécurité à court, à moyen et à long terme.

La mise de fonds initiale et l'hypothèque assurée

Pour une période d'amortissement donnée[2], plus votre mise de fonds sera élevée, moins vos versements seront importants. De plus, l'économie à long terme peut s'avérer fort substantielle. La mise de fonds initiale exigée par les prêteurs hypothécaires est généralement de 25 %, tandis que certains peuvent la réduire à 20 %. Le comptant exigé est calculé d'après la valeur marchande de la propriété ou d'après son prix d'achat s'il est inférieur. Toutefois, moyennant le cautionnement de votre prêt (prêt assuré), vous pourriez obtenir un prêt hypothécaire avec une mise de fonds aussi minime que 5 %.

Les institutions financières soumises à la loi canadienne ne peuvent offrir de prêt dont le montant excède 75 % de la valeur de la propriété. Si votre emprunt est au-dessus de ce montant, il doit être assuré par la Société canadienne d'hypothèques et de logement (S.C.H.L.). La S.C.H.L. s'engage à rembourser l'institution financière si vous êtes en défaut de payer. Les frais exigés par cette institution peuvent s'avérer très élevés si vous n'avez pas le montant requis par votre prêteur. Tout compte fait, il est important de commencer tôt à épargner afin d'accumuler le montant requis sans toutefois avoir recours à l'hypothèque assurée.

Votre capacité à respecter vos obligations

En devenant propriétaire, vous devez faire face à de nouvelles obligations:

· le remboursement du prêt hypothécaire (capital et intérêts);

---

2. Durée de remboursement total de votre hypothèque.

- les taxes municipales et scolaires;
- les frais communs (s'il y a lieu);
- les coûts d'entretien, de réparations, les assurances, le chauffage, l'électricité.

Après avoir déterminé le montant dont vous disposez pour l'achat de votre propriété, vous devrez évaluer votre capacité à payer. Cet exercice peut se faire en deux étapes:

- la préparation de votre budget personnel;
- l'évaluation de votre capacité à payer par un préposé de votre institution financière ou encore par d'autres personnes compétentes: agent immobilier, planificateur financier, etc.

Votre budget personnel

Voyons comment il est possible d'évaluer votre capacité à payer à partir de votre budget. Nous avons vu comment préparer un budget au chapitre 4, alors nous supposons que vous avez déjà en main votre budget. À partir de ce dernier, il s'agit de calculer vos épargnes plus les dépenses actuelles de location et de soustraire les frais prévisibles de votre future propriété en excluant le versement de votre hypothèque. Le résultat vous permettra de déterminer le montant mensuel dont vous disposerez pour vos versements hypothécaires.

Tableau 23
Projet: achat d'un condominium
d'une valeur de 80 000 $

CALCUL DES DISPONIBILITÉS SUR BASE ANNUELLE

- épargne systématique pour l'achat de la maison		2 600 $	
• Coûts actuels afférents aux dépenses de location			
- loyer	7 800 $		
- assurance locataire occupant	210 $		
- électricité et chauffage	960 $		
- stationnement	720 $		
- coût supplémentaire en essence*	520 $		
Total des coûts annuels		10 210 $	
Total des coûts avec l'épargne disponible			12 810 $
• Coûts prévisibles pour vos dépenses de propriétaire			
- assurance propriétaire occupant	400 $		
- taxes foncières et scolaires	1 950 $		
- électricité et chauffage	2 100 $		
- frais d'entretien intérieur et extérieur**	800 $		
- frais communs	1 200 $		
- stationnement	—		
- autres	—		
Total des coûts prévisibles			6 450 $
• Excédent disponible pour le financement hypothécaire sur une base annuelle			6 360 $
• Excédent disponible sur une base mensuelle			530 $

* Économie d'essence après le déménagement.

** Nous suggérons de leur consacrer un minimum de 1 % de la valeur de la propriété.

Le cas illustré démontre que l'on dispose d'un montant de 530 $ par mois pour effectuer le paiement du prêt hypothécaire. Selon les conditions du prêt hypothécaire, il est possible de déterminer le montant du capital que l'on peut emprunter.

À partir des conditions ci-dessous, voyons quel est le montant de capital qu'il est possible d'emprunter pour l'hypothèque.

· Amortissement de	25 ans
· Taux d'intérêt	8 %
· Terme	3 ans
· Versement mensuel	530 $

Tableau 24
Amortissement de la dette sur 25 ans
Versements mensuels

Prêt	6 %	6 %	7 %	7 %	8 %	8 %	9 %	9 %	10 %
50 000	319,90	334,91	350,21	365,78	381,60	397,68	413,99	430,51	472,24
60 000	383,88	401,89	420,25	438,93	457,93	477,22	496,79	516,62	536,62
70 000	447,86	468,88	490,29	512,09	534,25	556,76	579,59	602,79	626,15
80 000	511,85	535,86	560,33	585,24	610,58	636,30	662,39	688,83	715,59
90 000	575,83	602,84	630,37	658,40	686,90	715,83	745,18	774,93	805,04
100 000	639,81	669,82	700,42	731,56	763,22	795,37	827,98	861,03	894,49
110 000	703,79	736,81	770,46	804,71	839,55	874,91	910,78	947,14	983,94
120 000	767,77	803,79	840,50	877,87	915,88	954,45	993,58	1033,25	1073,39
130 000	831,75	870,77	910,54	951,02	992,21	1033,99	1076,38	1119,36	1162,84
140 000	895,73	937,75	980,58	1024,18	1068,54	1113,53	1159,18	1205,47	1252,29
150 000	959,71	1004,74	1050,62	1097,33	1144,87	1193,07	1241,98	1291,58	1341,74

Note: selon la table d'amortissement ci-dessus, il est possible d'obtenir un prêt hypothécaire de près de 70 000 $. Afin d'effectuer votre propre calcul, procurez-vous un tableau complet des prêts hypothécaires auprès de votre libraire ou de certains dépanneurs.

L'exercice sur les excédents budgétaires ne constitue pas la seule façon de déterminer votre capacité financière. Vous devrez, avant d'obtenir votre prêt, répondre aux divers critères de votre institution financière.

Aussi, pourquoi ne pas profiter du service de l'hypothèque préétablie? Celle-ci permet de connaître à l'avance le montant de l'hypothèque que votre institution financière vous accordera en fonction de votre revenu brut et d'un ensemble d'autres facteurs. De plus, certaines institutions financières peuvent vous garantir les conditions de votre prêt pour une période allant jusqu'à 90 jours.

Votre capacité financière vue par votre institution financière

Afin d'évaluer votre capacité financière, deux ratios seront considérés par votre institution financière, soit l'amortissement brut de la dette (A.B.D.) et l'amortissement total de la dette (A.T.D.).

L'amortissement brut de la dette représente un pourcentage maximal de votre revenu brut que vous ne devriez pas dépasser pour vos dépenses de logement (capital et intérêts, taxes, frais de chauffage). Ce pourcentage peut varier entre 25 % et 32 % selon les différentes institutions financières.

Tableau 25
Amortissement brut de la dette (A.B.D.)

	ANNUEL	MENSUEL
Capital et intérêts	6 360 $	530 $
Taxes foncières et scolaires	1 950 $	162 $
Frais communs ?	1 200 $	100 $
Chauffage	1 140 $	95 $
TOTAL	10 650 $	887 $
A.B.D. $\dfrac{10\ 650\ \$}{38\ 000\ \$[3]} = 28\ \%$		

Dans l'exemple ci-dessus, l'A.B.D. s'établit à 28 % et respecte les critères de l'institution financière.

L'amortissement total de la dette représente le montant des frais reliés à la propriété (voir tableau 25) plus certains autres engagements financiers: les emprunts personnels, la marge de crédit, les cartes de crédit, etc. Ce pourcentage peut varier entre 38 % et 42 % selon les différentes institutions financières.

---

3. Revenus bruts annuels.

Tableau 26
Amortissement total de la dette

Amortissement brut de la dette	10 650 $
Prêt personnel et autres engagements	3 054 $
Total des engagements financiers	13 704 $

Revenu annuel brut   38 000 $

$$\text{A.T.D.} \frac{(10\ 650\ \$ + 3\ 054\ \$)}{38\ 000\ \$} = \frac{13\ 704\ \$}{38\ 000\ \$} = 36\ \%$$

Nous avons abordé sommairement le calcul de l'amortissement total de la dette (A.T.D.). Vous pourrez effectuer un calcul plus précis en vous référant au chapitre 7. L'exercice que nous venons de faire nous démontre que vous pouvez envisager l'achat d'un condominium et obtenir un financement de 70 000 $ si vous répondez à l'ensemble des critères de votre institution financière: montant initial, stabilité du revenu, historique de crédit, etc.

Les autres besoins de liquidités à l'achat de votre propriété

Avant de procéder à l'achat de votre propriété, vous devriez avoir constitué votre fonds de roulement ainsi que votre fonds d'urgence. Nous avons abordé ces sujets dans le chapitre 2.

En plus de votre fonds de roulement et de votre fonds d'urgence, il vous faudra penser aux dépenses supplémentaires occasionnées par l'achat de votre propriété ainsi qu'à certains frais de démarrage. Ces frais peuvent varier selon les situations et il nous est difficile de les calculer avec précision. Les chiffres ci-dessous sont donnés à titre d'exemple et sont basés sur l'achat d'une résidence unifamiliale de 80 000 $ dans la région de Québec.

Tableau 27
Frais supplémentaires et de démarrage

- Frais d'évaluation professionnelle	300 $
- Frais juridiques	600 $
- Ajustements (taxes et huile à chauffage)	300 $
- Frais de déménagement	600 $
- Frais d'aménagement	500 $
- Frais de nettoyage, meubles, rideaux, tapis	300 $
- Droit de mutation (taxe de bienvenue)	550 $
- Premier compte de taxes	975 $
- Prime d'assurance (augmentation de la prime)	200 $
- Autres	–
Total	4 575 $

Le choix du type de propriété

Maintenant que vous connaissez vos moyens financiers, il vous reste à choisir le type de propriété qui vous conviendra le mieux. Bien identifier ses besoins personnels et ses goûts constitue la deuxième étape à franchir dans la recherche d'une maison.

Afin de vous aider dans votre choix, le tableau suivant fait ressortir les principaux avantages et désavantages reliés à chacun des types de propriété.

Tableau 28
Avantages et désavantages reliés
à différents types de propriété

TYPES DE PROPRIÉTÉ	AVANTAGES	INCONVÉNIENTS	VOTRE COTE (1 à 5)
(1) UNIFAMILIALE DÉTACHÉE	• GRAND TERRAIN • INTIMITÉ • BONNE VALEUR DE REVENTE	• COÛT D'ACHAT ASSEZ ÉLEVÉ • ENTRETIEN • COÛT DU CHAUFFAGE	
(2) UNIFAMILIALE JUMELÉE	• TERRAIN • COÛT D'ACHAT MOINS ÉLEVÉ QUE 1 • BONNE VALEUR DE REVENTE • FRAIS DE CHAUFFAGE ET TAXES MOINS ÉLEVÉS QUE 1	• MOINS D'INTIMITÉ QUE 1 DANS L'AMÉNAGEMENT EXTÉRIEUR • ENTRETIEN	
(3) MAISON EN RANGÉE (TOWN HOUSE)	• COÛT D'ACHAT, TAXES, MOINS ÉLEVÉS QUE 1 ET 2	• PETIT TERRAIN • MOINS D'INTIMITÉ QUE 1 ET 2	
(4) COPROPRIÉTÉ DIVISÉE (CONDOMINIUM)	• COÛT D'ACHAT MOINS ÉLEVÉ QUE 1, 2 ET 3 • FRAIS DE CHAUFFAGE MOINS ÉLEVÉS • PAS OU PEU D'ENTRETIEN	• FRAIS COMMUNS • PAS OU PEU DE TERRAIN • MOINS D'INTIMITÉ EXTÉRIEURE QUE 1, 2 ET 3 • ENTENTE AVEC LES AUTRES PROPRIÉTAIRES POUR PLUSIEURS DÉCISIONS (PARTIES COMMUNES)	
(5) MAISON MOBILE	• FAIBLE COÛT D'ACHAT • TAXES MOINS ÉLEVÉES • PEU D'ENTRETIEN	• SERVICES ÉLOIGNÉS • FAIBLE VALEUR DE REVENTE • ESPACE INTÉRIEUR LIMITÉ • PROBLÈMES D'AMÉNAGEMENT	

Le choix du quartier

Lorsque vous aurez choisi votre quartier, vous y vivrez probablement pendant plusieurs années. Alors, il est important de vous assurer que celui-ci puisse répondre à vos besoins ainsi qu'à ceux de votre famille. Pourquoi ne pas y faire une promenade à différents moments du jour et de la semaine afin de vous faire une bonne idée de la qualité de vie qui vous y attend.

Afin de vous aider dans votre processus décisionnel, voici une liste des aspects à considérer. Vous pourrez ainsi établir votre cote et celle de votre famille.

Tableau 29
Aspects à considérer dans le choix du quartier

DESCRIPTION	FAIBLE	MOYEN	EXCELLENT	COMMENTAIRES
LES SERVICES				
Proximité des écoles	_____	_____	_____	
Proximité d'un lieu de culte	_____	_____	_____	
Proximité d'un dépanneur	_____	_____	_____	
Proximité des magasins	_____	_____	_____	
Transport en commun	_____	_____	_____	
Fiabilité du service d'aqueduc	_____	_____	_____	
Fiabilité du service des incendies	_____	_____	_____	
Fiabilité du réseau d'électricité	_____	_____	_____	
Fiabilité du déneigement	_____	_____	_____	
Fréquence de la collecte des ordures	_____	_____	_____	
L'EMPLACEMENT	_____	_____	_____	
Distance du travail	_____	_____	_____	
Distance de vos activités	_____	_____	_____	
Circulation aux heures de pointe	_____	_____	_____	
Zonage de votre quartier	_____	_____	_____	
Possibilité d'inondation au printemps	_____	_____	_____	
LA VALEUR IMMOBILIÈRE				
Évaluation municipale de la propriété	_____	_____	_____	
Taux de taxation	_____	_____	_____	
Valeur des maisons voisines*	_____	_____	_____	
Augmentation prévisible de l'évaluation et du taux de taxation	_____	_____	_____	

* Si la valeur des maisons voisines est inférieure à la vôtre, cela pourrait nuire à la valeur de revente.

L'inspection de la maison

Procéder à l'achat d'une propriété sans le support d'une personne compétente peut représenter un risque fort coûteux. Il n'est pas rare que certains acheteurs téméraires aient à faire face à des dépenses onéreuses peu de temps après l'achat. Bien des désagréments peuvent être évités lorsqu'une inspection en bonne et due forme est effectuée par un inspecteur en bâtiment. Rappelez-vous que l'inspection est une des étapes importantes dans le choix d'une propriété. À défaut d'une inspection par une personne compétente, vous pourrez utiliser cet aide-mémoire.

Tableau 30
Aide-mémoire pour faciliter le choix d'une propriété

DESCRIPTION	FAIBLE	MOYEN	EXCELLENT	COMMENTAIRES
Aménagement du sous-sol				
Chauffage				type et état du système
Chauffage d'appoint				
Chauffe-eau				état et capacité
Cheminée				
Cuisine				installation,
				rangement
Escaliers				
Espaces de rangement				armoires, dépense, remise
État de la structure				murs extérieurs et intérieurs
Fenestration				isolation, pourriture, etc.
Fondations				état du ciment, humidité, etc.
Gouttières				
Isolation				qualité générale, coupe-froid
Maçonnerie/revêtement				
Piscine				âge, état

Tableau 30 (suite)

DESCRIPTION	FAIBLE	MOYEN	EXCELLENT	COMMENTAIRES
Planchers				revêtement
Plomberie				état général, pression
Portes et entrées				
Système électrique				boîte centrale, prises, etc.
Système de ventilation				
Salles de bain				céramique, sanitaire, espace
Terrain				état général
Toit				étanchéité, revêtement

Le choix d'un agent immobilier pour l'achat

Dans presque tous les secteurs d'activités, des spécialistes sont là pour vous aider. Il ne vous viendrait sûrement pas à l'esprit d'éliminer du revers de la main toutes les personnes ressources avec lesquelles vous négociez actuellement. Même si vous croyez pouvoir économiser quelques dollars en négociant directement avec le propriétaire, vous risquez fort d'être perdant au change.

Lors de l'achat de votre propriété, voici quelques bonnes raisons de vous adresser à un agent immobilier:

· le coût de la transaction à l'achat est défrayé par le vendeur;

· votre agent immobilier a en main des outils lui permettant d'accélérer la recherche de la propriété désirée;

- l'agent immobilier peut évaluer la valeur marchande réelle de la propriété que vous désirez acheter;
- l'agent immobilier à la formation nécessaire pour vous aider à traverser toutes les étapes juridiques;
- enfin, l'agent immobilier est une personne-ressource qui reste objective tout au long des transactions financières.

Le prêt hypothécaire

Qu'est-ce qu'un prêt hypothécaire?

Le prêt hypothécaire est un contrat conclu entre le prêteur et l'acheteur et par lequel le premier prête de l'argent au deuxième pour l'achat d'une propriété moyennant une garantie sur celle-ci. Dans l'éventualité où l'acheteur cesse les versements, l'hypothèque permet au prêteur de saisir l'immeuble pour en devenir propriétaire et pour le vendre afin de récupérer les sommes prêtées.

Quel est le prêt maximum que vous pouvez obtenir?

Nous avons abordé cette question précédemment à la section «La mise de fonds initiale et l'hypothèque assurée». À ce titre, il y a deux genres de prêts possibles: le prêt conventionnel et le prêt assuré. En voici une définition:

Le prêt hypothécaire conventionnel

Ce prêt ne dépasse pas 75 % du prix d'achat ou de la valeur marchande. Le plus petit montant est retenu par le prêteur. Retenons que certains prêteurs peuvent augmenter cette limite jusqu'à 80 %.

Le prêt hypothécaire assuré

Lorsque la mise de fonds initiale est inférieure à 25 % ou 20 % pour certaines institutions, le prêteur demande que le prêt soit cautionné ou assuré (exemple: par la S.C.H.L.). Cette caution peut atteindre 95 % du prêt et permet au prêteur de se protéger suite au défaut de paiement de l'emprunteur.

Tableau 31
Financement hypothécaire assuré

Valeur marchande	60 000 $
Prix d'achat	70 000 $
Le plus petit des deux	60 000 $
Prêt hypothécaire maximum	
60 000 $ x 95 % = 57 000 $	

Les différentes variables d'un prêt hypothécaire

Le prêt hypothécaire comporte différents éléments et modalités. Avant de procéder au choix de votre emprunt, vous devez, dans la mesure du possible, tenir compte de l'ensemble des variables suivantes:

- · la mise de fonds initiale;
- · le montant maximal du prêt;
- · le taux d'intérêt offert par votre institution;
- · les différents termes;
- · la fréquence des versements;
- · la période d'amortissement;

- les remboursements par anticipation et sans pénalité;
- les frais administratifs et les frais de renouvellement;
- les assurances vie et invalidité.

Nous expliquerons les éléments qui nous apparaissent les plus importants pour l'acheteur.

· *Le taux d'intérêt*

Le taux d'intérêt n'est pas la variable la plus importante. Cependant, il est bon de se rappeler qu'il peut varier légèrement d'une institution à une autre. Donc, il est important de comparer les taux offerts par les différentes institutions: banques, caisses d'épargne et de crédit, sociétés de fiducie et sociétés d'assurance.

· *Les différents termes*

Les termes offerts par les institutions financières varient généralement d'une période de six mois à sept ans. Pendant celle-ci, le taux d'intérêt et les versements périodiques demeurent inchangés. Une bonne façon de procéder consiste à opter pour un terme plus long lorsque les taux d'intérêt sont bas et l'inverse lorsque les taux d'intérêt sont élevés.

· *La fréquence des versements*

Les institutions financières calculent les versements sous forme de mensualités. Cependant, vous pouvez, dans la majorité des cas, opter pour des versements bimensuels, hebdomadaires ou hebdomadaires accélérés. Si vous faites vos versements toutes les semaines (hebdomadaires accélérés), vous effectuerez au cours de l'année 52 paiements, soit l'équivalent de 13 paiements mensuels. Ainsi, vous pourrez rembourser plus rapidement et faire une meilleure utilisation de vos liquidités.

· *La période d'amortissement*
La période d'amortissement correspond au nombre d'années prévues pour le remboursement total de votre emprunt. Si la grande majorité des hypothèques est amortie sur une période de 25 ans, de plus en plus de consommateurs optent pour des durées de 15 ou 20 ans. Vous devez retenir, lors de la négociation de votre prêt hypothécaire, que plus votre période d'amortissement est longue, moins les remboursements en capital sont importants. À l'inverse, *plus la période d'amortissement est courte, moins il en coûte en frais de crédit et plus les remboursements de capital sont élevés.*

Tableau 32
Remboursements mensuels et remboursements hebdomadaires accélérés

Ex.: hypothèque de 25 ans de 75 000 $ au taux de 10 %
- Remboursement total via mensualités 201 265 $
- Remboursement total via versements hebdomadaires accélérés   149 665 $
- Différence   51 600 $

· *Les remboursements par anticipation et sans pénalité*
Dans le choix de l'hypothèque, il faut vérifier la possibilité d'effectuer des remboursements par anticipation et sans pénalité. La souplesse de votre hypothèque peut

vous permettre d'augmenter vos versements et de réduire le solde de votre emprunt avant l'échéance et ce, sans pénalité. Cette possibilité de remboursement par anticipation peut vous permettre de réduire considérablement vos intérêts.

Certaines institutions financières offrent des prêts hypothécaires qui permettent de hausser les versements mensuels de 15 % à 100 %. De plus, il est possible d'effectuer des remboursements anticipés en capital sans pénalité à certains intervalles et ce, avant l'échéance du terme. Plusieurs institutions offrent la possibilité de rembourser entre 10 % et 15 % du prêt initial et ce, à chaque année du terme.

L'ensemble de ces avantages ne vous oblige pas à choisir dès le départ une période d'amortissement trop courte. Vous pouvez, de cette façon, mieux gérer votre emprunt en fonction de vos capacités et de vos besoins précis.

Avant de décider d'effectuer des versements accélérés sur votre hypothèque, il importe d'atteindre les objectifs ci-dessous, à savoir:

· constituer un fonds de roulement;
· constituer un fonds d'urgence;
· contribuer les montants requis à son régime enregistré d'épargne-retraite[4] ;
· obtenir un rendement supérieur après impôt sur ses épargnes et ses placements.

---

4. Nous entendons par montant requis les sommes à contribuer dans son régime enregistré d'épargne-retraite en fonction des objectifs de retraite poursuivis.

Le R.E.E.R., mesure d'accès à la propriété

Les gouvernements ont instauré une mesure pour encourager les contribuables à s'acheter une première résidence. Cette mesure a été introduite le 25 février 1992 et devait prendre fin le 1er mars 1993. Elle a été prolongée jusqu'au 1er mars 1994. Elle constitue un régime permanent depuis le 2 mars 1994.

Au niveau fédéral comme au niveau provincial, les contribuables ou leur conjoint, qui signent l'acte de vente d'une maison en tant que copropriétaires, peuvent retirer de leur régime enregistré d'épargne-retraite (R.E.E.R.) jusqu'à 20 000 $ chacun, sous forme de franchise d'impôt. Ce montant leur permet de financer l'acquisition ou la construction d'une habitation existante ou neuve. Les principales caractéristiques du régime permanent sont les suivantes:

L'habitation

- · est située au Canada et est utilisée comme résidence principale dans l'année qui suit son acquisition ou sa construction;
- · n'a pas appartenu au contribuable ou à son conjoint;
- · le contrat d'acquisition doit être signé avant le 1er octobre de l'année civile qui suit celle du retrait.

Le R.E.E.R.

- · le retrait est effectué après le 1er mars 1994;
- · les sommes retirées sont remboursées au R.E.E.R. en versements égaux sur 15 ans;
- · le premier remboursement est effectué deux ans après le retrait;

- les remboursements ne sont pas déductibles d'impôt;
- les remboursements anticipés réduisent le montant des remboursements de l'année suivante;
- le montant des remboursements qui ne sont pas effectués dans l'année est ajouté au revenu du contribuable et imposable;
- aucune déduction n'est normalement permise à titre de nouvelles cotisations à un R.E.E.R. dans les 90 jours du retrait.

Pour participer au régime, il suffit de remplir les formulaires T1036 au fédéral et TP-935.1 au provincial et de les remettre à l'émetteur du R.E.E.R. auquel les fonds doivent être retirés. Ces formulaires sont disponibles dans tous les bureaux de Revenu Canada et de Revenu Québec.

Points importants à retenir et/ou tâches à accomplir:
- L'achat d'une propriété doit résulter avant tout d'une démarche réfléchie.
- L'inspection est une des étapes importantes dans le choix d'une propriété.
- Franchir les sept premières étapes de la pyramide de la gestion financière avant de songer à acheter une propriété.
- Commencer tôt à épargner pour la mise de fonds de sa future propriété.
- Ne pas se fier uniquement aux taux de l'institution financière pour évaluer sa capacité de remboursement. Établir d'abord son budget.
- Prévoir suffisamment de liquidités pour les frais supplémentaires.
- Éviter le prêt hypothécaire assuré.
- Choisir un amortissement inférieur à 20 ans.
- Effectuer les versements sur une base hebdomadaire accélérée.
- Profiter des remboursements par anticipation.

CHAPITRE 11

L'ÉPARGNE

Attitudes face à l'épargne

Épargner, est-ce vraiment une mission impossible? Lors de mes conférences-causeries, il n'est pas rare que des participants mentionnent qu'il leur semble impossible d'épargner avec les revenus dont ils disposent. Cependant, me disent-ils, il en serait tout autrement si leurs revenus étaient plus élevés. Fait intéressant, lorsque je m'adresse à des groupes à revenus supérieurs, la même remarque revient fréquemment. Quel est donc le revenu minimum requis pour commencer à épargner? Je ne pense pas qu'il existe de réponse unique à cette question. Bien sûr, il est évident que dès que vos besoins de base sont satisfaits, vous devriez être en mesure d'augmenter votre propension à l'épargne.

Épargner aujourd'hui n'est pas évident, car nous vivons dans une société de consommation qui offre une très grande variété de produits et de services, sans parler des moyens de plus en plus sophistiqués pour en faciliter la mise en marché.

D'autres facteurs, mais non les moindres, peuvent aussi vous inciter à surconsommer et par conséquent à réduire à néant votre épargne. Les nombreux instruments de crédit dont vous disposez, entre autres les cartes de crédit, la marge de crédit, les achats à paiements différés ne vous facilitent pas toujours la tâche. Enfin, un des facteurs non négligeables réside dans la façon dont vous gérez vos émotions. Combien de fois vos émotions l'emportent-elles sur vos comportements rationnels? *Nous pourrions sans trop nous tromper affirmer que nous consommons un peu comme nous sommes.*

L'épargne est-elle vraiment une mission impossible? Je crois que non. Tous sans exception, vous pouvez épargner. Il s'agit, d'un point de vue strictement théorique, de décider de se mettre dans la peau d'une personne ayant un revenu légèrement inférieur au sien et des besoins essentiels similaires et d'épargner la différence. Évidemment, l'épargne réalisée demeurera toujours proportionnelle à ses propres capacités. Plus elle sera importante, plus il sera possible d'envisager la réalisation de projets à moyen et à long terme parallèlement aux projets à court et à très court terme. Non! l'épargne n'est pas une mission impossible. Elle demeure toutefois liée en très grande partie à ses motivations personnelles, à sa discipline et à ses choix.

Pourquoi épargner?

Il est très difficile d'épargner sans motivation personnelle précise. Épargner pour épargner ne donne presque jamais de véritables résultats puisque ces mêmes épargnes risquent d'être englouties tôt ou tard dans sa consommation courante.

Voici quelques motivations susceptibles de donner un sens à vos intentions d'épargne. Avant toute chose, il est essentiel que vous vous fixiez des objectifs réalistes qui vous tiennent vraiment à cœur. Voyons différents objectifs d'épargne qui font partie intégrante d'une saine planification financière.

· *Prévoir les imprévus:*
Il est souvent difficile de prévoir l'imprévisible. La constitution graduelle d'un fonds d'urgence peut vous éviter de puiser dans votre fonds de roulement ou d'accroître indûment le fardeau de la dette.

· *Réduire le fardeau de la dette:*
En réduisant graduellement le fardeau de la dette, vous serez plus en mesure de jouir d'une meilleure qualité de vie et d'envisager éventuellement le paiement comptant de vos biens de consommation.

· *Planifier sa sécurité financière:*
En contrôlant davantage vos dépenses de consommation, vous pourriez dégager les excédents budgétaires requis afin de mieux planifier votre sécurité et celle de vos proches; ainsi vous pourriez mieux faire face à des événements tels que l'invalidité, les difficultés financières, la retraite ou le décès.

· *Planifier les projets de croissance:*
Par projets de croissance, j'entends tout objectif qui, lorsqu'il est réalisé, vous permet d'améliorer votre qualité de vie de façon substantielle. Dans la mesure où ces objectifs sont réalistes et conviennent à vos moyens, l'épargne peut vous aider à réaliser des projets à court, à moyen et à long terme: achat d'un véhicule automobile, voyage en Europe, achat d'une propriété, etc.

Les conditions de l'épargne

Nous avons déjà affirmé précédemment qu'épargner n'était pas une mission impossible. Pour cela, il faut vous doter de moyens qui faciliteront votre tâche.

Utilisez un carnet de position

Cet outil disponible dans toutes les succursales bancaires vous permet de tenir à jour votre solde en y inscrivant tous vos dépôts et toutes vos sorties d'argent. N'oubliez pas d'inscrire au début de chaque mois, dans la colonne chèque, les chèques postdatés du mois en cours. Par la suite, déduisez au fur et à mesure les chèques postdatés qui seront échangés au cours du mois. Pour en faire une meilleure utilisation, consultez votre institution bancaire.

Choisissez un système de gestion budgétaire simple et efficace

Le système que vous choisirez doit comporter deux volets: la planification budgétaire et le contrôle budgétaire. Une fois en opération, suivez-le rigoureusement. N'hésitez pas à consulter une personne ressource qui peut vous aider dans la mise sur pied de votre système.

Constituez votre fonds de roulement

Une fois constitué, ce fonds représente l'ensemble des liquidités disponibles dans vos comptes de banque et vous permet d'assumer, en temps et lieu, les dépenses planifiées au budget. Ce fonds doit se régénérer au fur et à mesure que l'année budgétaire s'écoule.

Constituez votre fonds d'urgence

Ce fonds constitué vous permettra de faire face aux diverses situations d'urgence non prévues dans votre budget et, par conséquent, de ne pas affecter votre fonds de roulement. Ce fonds doit aussi se régénérer chaque fois que vous planifiez votre nouveau budget annuel.

Déterminez un montant fixe pour les dépenses courantes (argent de poche) et respectez-le

Les dépenses courantes (argent de poche) constituent souvent un gouffre sans fond. Une bonne façon de les contrôler consiste à s'allouer un montant fixe toutes les semaines et à ne pas le dépasser. Il faut éviter à tout prix de puiser constamment dans son compte de banque avec sa carte de débit. N'oubliez pas que l'une des façons de se discipliner et de respecter sa planification budgétaire consiste à respecter son budget d'argent de poche.

Acquittez le solde de vos cartes de crédit tous les mois

Lorsque vous utilisez vos cartes de crédit, tenez-vous-en à votre budget préétabli. Ne les utilisez que lorsque vos achats ont été planifiés dans votre budget. Par la suite, assurez-vous d'en acquitter le solde chaque fin de mois.

Accumulez les réserves afin d'acquitter à l'échéance vos achats à paiements différés

Lorsque vous financez vos achats par le biais d'achats à paiements différés, faites en sorte que ces derniers soient planifiés dans votre budget. Accumulez les réserves nécessaires au cours de l'année de façon à épargner le solde dû à l'échéance. Vous devez être très prudent dans l'utilisation de ce mode de crédit.

Évitez l'utilisation de la marge de crédit personnelle

L'utilisation d'une marge de crédit personnelle par un particulier est souvent le symptôme d'une mauvaise gestion. Évitez cet outil de financement pour les dépenses de consommation courante.

Comment épargner?

Maintenant que vous connaissez les conditions de l'épargne et que vous êtes motivé à réaliser vos objectifs financiers, voyons quelques moyens susceptibles de vous aider à les atteindre.

Déterminez vos objectifs avec le maximum de précision

Pour atteindre vos objectifs financiers ou matériels, vous devez faire en sorte qu'ils soient réalistes et réalisables. De plus, vous devez les analyser de très près en tenant compte des éléments suivants:

- · description de l'objectif;
- · priorité de l'objectif;
- · délai de réalisation;
- · coût de l'objectif.

Tableau 33
Projets de Claude

DESCRIPTION DE L'OBJECTIF	PRIORITÉ	DÉLAI DE RÉALISATION	COÛT DE L'OBJECTIF
Achat d'un voilier	3	3 ans	3 000 $
Acheter un mobilier de salon	2	2 ans	2 000 $
Voyage dans l'Ouest canadien	1	1 an	1 500 $

Une fois que vous aurez déterminé ces paramètres, vous n'aurez qu'à transformer le coût de chaque projet en épargne annuelle et à l'intégrer par la suite dans votre budget.

Exemple: coût annuel des projets de Claude
Voyage 1 500 $ ÷ 1 an = 1 500 $
Mobilier 2 000 $ ÷ 2 ans = 1 000
Voilier 3 000 $ ÷ 3 ans = 1 000
Épargne annuelle à prévoir 3 500 $[1]
dans le budget

Il est possible que vous ne puissiez réaliser tous vos projets dans le temps souhaité. Par conséquent, vous devrez faire un choix entre vos projets et vos dépenses de consommation ou encore vous pourriez en prévoir la réalisation sur une plus longue période.

Intégrez les objectifs retenus dans votre planification budgétaire

Pour Claude, une bonne façon de réaliser ses objectifs consiste à les intégrer dans sa planification budgétaire et d'équilibrer son budget en conséquence. Pour cela, il pourra utiliser les postes budgétaires 1.2, 1.3 et 1.4. Afin d'atteindre ses objectifs, Claude devra contrôler l'ensemble de ses dépenses telles que prévues dans sa planification budgétaire et s'assurer de choisir de bons véhicules d'épargne systématiques.

Épargnez par le biais de véhicules systématiques d'épargne

Même si Claude peut épargner dans ses comptes de banque les montants nécessaires à la réalisation progressive de ses objectifs, nous lui suggérons plutôt de choisir des véhicules d'épargne qui lui procureront un rendement plus substantiel que les comptes de banque traditionnels.

---

1. Dans notre exemple, nous n'avons pas tenu compte du rendement des placements de Claude.

Une bonne façon d'épargner en vue de la réalisation d'un projet précis consiste à utiliser les formules d'épargne avec prélèvement bancaire automatique. Ainsi, dans le cas de Claude, l'institution financière qu'il aura choisie afin de capitaliser ses épargnes pourra prélever systématiquement dans son compte de banque, à date fixe, les montants définis. Dans son cas, le montant mensuel qui sera prélevé s'établit à 291,66 $ soit 3 500 $ ÷ 12 mois.

Le mode d'épargne systématique est sans aucun doute une excellente formule d'épargne, car il encourage à épargner avec une régularité à toute épreuve.

Comment protéger ses épargnes?

Il existe plusieurs façons de protéger ses épargnes. Lors du choix de l'institution financière, Claude pourrait tenir compte de l'insaisissabilité de ses épargnes ainsi que de la Loi de l'assurance-dépôt ou de certaines équivalences offertes par les diverses institutions financières.

L'insaisissabilité permet de rendre insaisissable la totalité de vos épargnes dans le cas où vous feriez l'objet d'une saisie ou encore d'une faillite. Pour l'instant, seules les sociétés d'assurance vie ainsi que les sociétés de fiducie offrent ce privilège. Cependant, l'insaisissabilité ne s'applique pas d'office lorsque vous détenez des épargnes dans ces institutions. Pour profiter de ce privilège, informez-vous des conditions requises et assurez-vous que des documents pertinents confirment l'insaisissabilité de vos épargnes.

L'assurance-dépôt (couverture de base)

La Loi sur l'assurance-dépôt du Québec ainsi que la Loi sur la société d'assurance-dépôt du Canada protègent vos dépôts bancaires assurables dans certaines institutions financières et ce, jusqu'à concurrence de 60 000 $ par institution au cas où celles-ci feraient défaut. Parmi les institutions qui sont régies par ces lois, notons: les banques, les sociétés de fiducie, les caisses populaires et d'économie Desjardins et leurs fédérations, ainsi que les sociétés d'épargne. Les caisses populaires étant des entités autonomes, chacune d'entre elles est considérée comme une institution. Certaines autres institutions qui ne sont pas régies par ces lois ont mis sur pied leur propre mécanisme de protection des dépôts de leurs clients. C'est le cas, par exemple, des sociétés d'assurance sur la vie qui offrent des protections à leurs clients par le biais d'un organisme dénommé la S.I.A.P. (Société d'indemnisation en assurance de personnes).

Politique de placements

En dépit de ces protections, il n'en demeure pas moins que l'épargnant doit d'abord se protéger contre lui-même. Pour cela, il devra adopter une politique de placements tenant compte de son niveau de tolérance aux risques. Vous ne devriez donc jamais effectuer de placements substantiels avant d'avoir établi votre seuil de tolérance aux risques. Tout conseiller en placements compétent et reconnu professionnellement devrait être en mesure de vous aider à cet égard.

Le tableau 34 peut vous permettre d'identifier de façon très sommaire votre seuil de tolérance aux risques. Quel que soit votre positionnement, il n'y a pas de choix idéal. L'important, c'est d'être à l'aise et de s'assurer que ses placements permettront de dormir en paix. Voici une brève définition des divers niveaux de risques qui vous aidera à vous situer avant de procéder à une analyse plus complète avec votre conseiller en placements.

· risque faible	sécurité du capital et revenus garantis
	ex: certificats de dépôts garantis
· risque faible moyen	légère fluctuation du capital et revenus garantis
	ex: obligations de gouvernements, municipalités et services publics
· risque moyen	fluctuation moyenne du capital et revenus non garantis
	ex: actions de grandes sociétés, Bell Canada, Bombardier
· risque élevé	forte fluctuation du capital et revenus non garantis
	ex: actions de petites et moyennes entreprises en croissance
· risque très élevé	très forte fluctuation du capital et aucun revenu
	ex: métaux précieux, certains abris fiscaux.

À partir du tableau 34, établissez votre seuil de tolérance aux risques pour votre portefeuille REER. Quoiqu'il soit suggéré d'effectuer cet exercice avec un spécialiste des placements, nous vous suggérons d'amorcer votre réflexion et de la transmettre par la suite à votre conseiller en placements.

190

Dessinez sur l'échelle ci-dessous votre positionnement en rapport avec votre seuil de tolérance aux risques.

Tableau 34
Échelle de tolérance aux risques

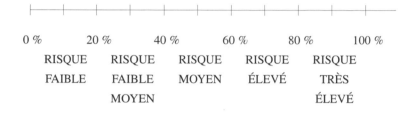

0 %	20 %	40 %	60 %	80 %	100 %
RISQUE	RISQUE	RISQUE	RISQUE	RISQUE	
FAIBLE	FAIBLE	MOYEN	ÉLEVÉ	TRÈS	
	MOYEN			ÉLEVÉ	

Points importants à retenir et/ou tâches à accomplir:

· L'épargne n'est pas une mission impossible, mais elle demeure liée en très grande partie à ses motivations.
· Pour réussir à épargner, il faut se doter de moyens qui facilitent la tâche.
· Fixer ses objectifs avec le maximum de précision.
· Intégrer ses objectifs financiers et matériels dans sa planification budgétaire.
· Utiliser les formules d'épargne avec prélèvements bancaires systématiques, c'est une bonne façon d'épargner en vue de la réalisation d'un projet précis.
· Protéger ses épargnes, ne pas sous-estimer les moyens mis à sa disposition.
· Établir sa politique de placements.

CHAPITRE 12

L'ÉPARGNE EN VUE DE LA RETRAITE

Les régimes de retraite

Depuis 1995, nous constatons que nous sommes entrés dans une ère de désengagement de l'État. En conséquence, il nous faudra, dans les années à venir, assumer de plus en plus la responsabilité de planifier notre retraite. En effet, les régimes publics de retraite sont susceptibles de subir d'importantes modifications à la baisse. Par conséquent, vous devriez tenir compte, dans vos plans, de ce changement de cap et être davantage conscient de l'importance croissante qu'occupe l'épargne en vue de la retraite. Dans ce chapitre, nous traiterons des divers régimes d'État, des régimes de pension agréés ainsi que de l'épargne-retraite personnelle.

Les régimes publics

Au Canada, il y a présentement trois principaux régimes publics: la pension de sécurité de la vieillesse (P.S.V.), le supplément de revenu garanti (S.R.G.) et les régimes de rentes du Québec ou du Canada (R.R.Q. - R.P.C.).

Loi de la sécurité de la vieillesse (Canada)

La Loi de la sécurité de la vieillesse est administrée par Développement des Ressources humaines Canada (Programme de la sécurité du revenu). Elle garantit à tous les citoyens canadiens âgés de 65 ans ou plus une prestation appelée la pension de sécurité de la vieillesse. De plus, elle rend disponible le supplément de revenu garanti aux personnes dont le revenu total est inférieur à un certain montant. Celui-ci, à partir du 1er janvier 1995, s'établissait à 387,74 $ par mois. Il est à noter que les personnes dont le revenu net en 1994 était supérieur à 58 110 $ devaient rembourser en tout ou en partie ces prestations via l'impôt fédéral.

Le supplément de revenu garanti

Les pensionnés qui n'ont pas ou pratiquement pas d'autres revenus que leur pension de sécurité de la vieillesse peuvent obtenir davantage suivant leur revenu, leur état civil, l'âge de leur conjoint et le revenu de ce dernier.

En plus de la pension mensuelle en provenance de la pension de sécurité de la vieillesse, le montant maximum qu'une personne seule ou une personne dont le conjoint n'était pas bénéficiaire de la pension de sécurité de la vieillesse pouvait recevoir était de 460,79 $ par mois en 1995. Plus les revenus autres que la pension de sécurité de la vieillesse sont élevés, plus le montant du supplément de revenu garanti est réduit. En fait, il est réduit de 1 $ pour chaque 2 $ de revenu mensuel additionnel dans le cas d'une personne seule.

Le régime des rentes du Québec

Créé en 1967, ce régime garantit aux cotisants et à leur dépendants une rente fixée en fonction du nombre d'années de cotisations ainsi que des revenus cotisables. Ce régime est obligatoire pour tous les travailleurs de 18 à 70 ans qui retirent des gains de travail. Une rente de retraite réduite peut être touchée à partir de 60 ans si le travailleur prévoit que ses gains de travail calculés sur une base annuelle seront inférieurs à 8 554 $ en 1994.

Tableau 35
Revenus en provenance des régimes publics
(Scénario 1)

• Revenus en provenance de la pension de sécurité de vieillesse et du supplément de revenu garanti pour une personne seule* de 65 ans ne touchant aucun autre revenu (95).		
	MENSUEL	ANNUEL
Pension de sécurité de la vieillesse	387,74 $	4 652,88 $
Supplément de revenu garanti	460,79 $	5 529,48 $
Total des revenus	848,53 $	10 182,36 $

* S'applique à une personne dont le conjoint n'est pas bénéficiaire de la pension de sécurité de la vieillesse

Tableau 36
Revenus en provenance des régimes publics
(Scénario 2)

• Revenus en provenance de la pension de sécurité de la vieillesse et du supplément de revenu garanti pour une personne seule de 65 ans touchant le maximum de la rente du Québec et aucun autre revenu (95).

	MENSUEL	ANNUEL
Régime des rentes du Québec	713,19 $	8 558,28 $
Pension de sécurité de la vieillesse	387,74 $	4 652,88 $
Supplément de revenu garanti	104,20 $	1 250,40 $
Total des revenus	1 205,13 $	14 461,56 $

Tableau 37
Revenus en provenance des régimes publics
(Scénario 3)

• Revenus en provenance de la pension de sécurité de la vieillesse et du supplément de revenu garanti pour une personne seule de 65 ans touchant le maximum de la rente du Québec ainsi qu'un revenu de pension de son ex-employeur de 208,40 $ par mois (95).

	MENSUEL	ANNUEL
Régime des rentes du Québec	713,19 $	8 558,28 $
Pension de sécurité de la vieillesse	387,74 $	4 652,88 $
Supplément de revenu garanti	NIL	NIL
Revenu de pension	208,40 $	2 500,40 $
Total des revenus	1 309,33 $	15 739,68 $

Nous pouvons constater que le revenu total pour une personne seule de 65 ans touchant le maximum de la rente du Québec et aucun autre revenu s'élève à 14 461,56 $ en 1995 (tableau 36). Ce revenu inclut la pension de sécurité de la vieillesse ainsi que le supplément de revenu garanti. Ce montant est en deçà du seuil de pauvreté qui se situait à près de 16 482 $[1] par année en 1993. Si vous désirez préparer adéquatement votre retraite afin de maintenir votre pouvoir d'achat, il est conseillé de contribuer le plus tôt possible à des régimes de retraite privés tels que les régimes de pensions agréés et les régimes enregistrés d'épargne-retraite.

Les régimes de pensions agréés

Les régimes de pensions agréés se classent dans deux catégories: les régimes à prestations déterminées et les régimes à cotisations déterminées. Ces derniers sont mis sur pied par l'employeur en vue de fournir une rente viagère aux employés lors de leur retraite.

Régimes à prestations déterminées

Les régimes à prestations déterminées se calculent en tenant compte de divers facteurs: le nombre d'années de service, le niveau de salaire ainsi qu'un pourcentage attribuable à chaque année de service. La rente maximale prévue par la loi pour chaque année de participation au régime est égale à 2 % du salaire moyen des trois meilleures années. Sur une période de vie active de 35 ans, une rente de 70 % du salaire peut donc être accumulée.

---

1. Seuil de pauvreté, Statistiques Canada pour une personne seule vivant au Canada.

Pierre contribue dans un régime à prestations détermi-nées depuis 30 ans; la rente maximale représente 2 % par année de service basée sur la moyenne des cinq meilleures années qui a été établie à 36 000 $. Quels sont les crédits de rente que Pierre a accumulés?

Nombre d'années x Pourcentage x Revenu moyen					
de service			5 meilleures années	=	Rente annuelle
30 ans	x 2 %	x	36 000 $	=	21 600 $

Pour un grand nombre de régimes de pension à presta-tions déterminées, il faut tenir compte que les prestations de retraite de la R.R.Q. seront intégrées dans ce montant. Les crédits de rente que Pierre a accumulés s'élèvent à 21 600 $ par année. Cependant, il se peut que Pierre soit pénalisé s'il prend sa retraite avant l'âge prévu par le régime. Notez qu'il vous est possible d'obtenir des renseignements sur les conditions de votre régime en vous adressant au service des ressources humaines de votre employeur ou à votre repré-sentant syndical.

Régimes à cotisations déterminées

Dans ce mode de régime, contrairement au régime précé-dent, ce sont les cotisations qui sont déterminées à l'avance et non les prestations. Or, les prestations lors de la retraite seront établies en fonction des contributions, du rendement pendant la période d'accumulation, ainsi que des taux des rentes lors de la retraite.

Au moment de prendre sa retraite, Roger a accumulé à l'âge de 60 ans un capital de 350 000 $. Il choisit une rente *viagère avec une période certaine de 10 ans[2] dont le taux d'intérêt est de 10 %. Quel sera le revenu annuel de Roger sachant que chaque 10 000 $ de capital lui procurera un revenu mensuel de 88,87 $?*

Capital ÷ tranche de capital x rente mensuelle par tranche = Revenu mensuel de 10 000 $ de capital

(350 000 $ ÷ 10 000 $) x 88,87 $ = 3 110 $

Dans le cas ci-haut mentionné, le revenu de Roger s'établira comme suit:

revenu annuel	37 320 $
revenu mensuel	3 110 $

Lequel des deux régimes est le meilleur, le régime à prestations déterminées ou le régime à cotisations déterminées? Excellente question quoique fort complexe à débattre. Les avis semblent partagés sur le sujet. Cependant, on note depuis quelques années la popularité grandissante des régimes à cotisations déterminées, car ils sont moins onéreux pour les employeurs et plus faciles à administrer.

Les régimes enregistrés d'épargne-retraite (R.E.E.R)

Les régimes enregistrés d'épargne-retraite permettent aux particuliers de reporter l'imposition des sommes mises de côté en vue de la retraite. On parle souvent de R.E.E.R comme abris fiscaux, mais il s'agit davantage d'une forme

---

2. Rente viagère dont les prestations sont garanties pendant une période minimale de 10 ans. Advenant le décès de Roger au cours de ces 10 années consécutives, l'assureur continuera de verser la rente à la succession jusqu'à la fin de la dixième année.

d'impôt différé. Il n'en demeure pas moins que le R.E.E.R. constitue généralement un excellent placement.

Son mode de fonctionnement est fort simple. La totalité de vos contributions et ce, jusqu'à la limite permise, fait l'objet d'une réduction de votre revenu imposable. De plus, les intérêts ainsi que les revenus de placements qui s'accroissent dans votre R.E.E.R. seront exemptés d'impôt jusqu'au moment où vous commencerez à retirer des sommes de votre régime.

Quels que soient les nombreux avantages que peut procurer le R.E.E.R., vous devez toujours vous rappeler qu'il s'agit d'abord et avant tout d'un véhicule d'épargne pour préparer adéquatement votre retraite.

Capitalisation dans un R.E.E.R.

Le tableau ci-dessous représente les montants accumulés dans un R.E.E.R. à partir d'une somme de 1 000 $ investie en début d'année.

Tableau 38
Capitalisation dans un R.E.E.R.

À LA FIN DE L'ANNÉE	6 %	8 %	10 %	12 %
5	5 975 $	6 336 $	6 716 $	7 115 $
10	13 972 $	15 645 $	17 531 $	19 655 $
15	24 673 $	29 324 $	34 950 $	41 753 $
20	38 993 $	49 423 $	63 002 $	80 699 $
25	58 156 $	78 954 $	108 182 $	149 334 $
30	83 802 $	122 346 $	180 943 $	270 293 $
35	118 121 $	186 102 $	298 127 $	483 463 $
40	164 048 $	279 781 $	486 852 $	859 142 $
45	225 508 $	417 426 $	790 795 $	1 521 218 $

Tous les intervenants du monde des placements sont unanimes à recommander de commencer tôt à contribuer à un R.E.E.R. Car le temps joue en votre faveur. Les chiffres ci-haut parlent d'eux mêmes. À un taux moyen de 8 %, vous aurez accumulé un capital de 122 346 $ après 30 ans, tandis que ce même capital sera multiplié par 3,5 fois après 45 ans pour atteindre un total de près de 417 426 $.

Plus vous commencerez tôt à contribuer à votre R.E.E.R., moins votre effort à l'épargne sera grand dans le futur. Par contre, plus vous tardez, plus vous devrez éventuellement faire des sacrifices importants. Votre effort à l'épargne pourrait être hors de proportion par rapport à l'ensemble de vos besoins matériels et financiers. Il va de soi qu'il faut se mettre à la tâche le plus tôt possible.

Avantages à commencer très tôt à contribuer à un R.E.E.R.

Le tableau ci-dessous a pour objet de démontrer l'effort à l'épargne requis à différents âges pour atteindre un résultat identique de capitalisation à l'âge de 65 ans.

Tableau 39
Effort à l'épargne

ÂGE DU DÉBUT DES CONTRIBUTIONS	CONTRIBUTION ANNUELLE	TAUX D'INTÉRÊT	CAPITALISATION À 65 ANS
20 ANS	1 000 $	8 %	417 426 $
30 ANS	2 250 $	8 %	418 729 $
40 ANS	5 300 $	8 %	418 456 $
50 ANS	14 250 $	8 %	417 867 $

En analysant soigneusement ce tableau, vous remarquerez que l'effort à l'épargne double entre 20 et 30 ans ainsi qu'entre 30 et 40 ans. Il triple entre 40 et 50 ans. Un investissement de 1 000 $ par année pendant 45 ans au taux de 8 % produit le même résultat qu'un investissement de 14 250 $ par année au taux de 8 % pendant 15 ans. Ces chiffres démontrent l'avantage de commencer tôt à contribuer à un R.E.E.R.

Diverses formes d'utilisation de votre régime enregistré d'épargne-retraite

Si le but ultime de votre régime enregistré d'épargne-retraite consiste à planifier adéquatement votre retraite, vous pouvez l'utiliser à d'autres fins. C'est toutefois avec beaucoup de prudence que vous devez hypothéquer vos épargnes afin de répondre à d'autres besoins. Consultez votre conseiller financier afin de vérifier tous les impacts d'une telle décision.

Parmi les autres formes d'utilisation du R.E.E.R., notons:

- un besoin de liquidités en cas de situation d'urgence (chômage, difficulté financière majeure);
- une année sabbatique;
- le R.E.E.R. hypothèque;
- le régime d'accès à la propriété (R.A.P).

Le R.E.E.R. hypothèque

Depuis près de 10 ans, il est possible d'être son propre créancier hypothécaire en utilisant son régime enregistré d'épargne-retraite à la condition qu'il soit autogéré.

Afin de pouvoir se prêter à soi-même par le biais du R.E.E.R. hypothèque, plusieurs conditions doivent être remplies, entre autres:

- la propriété doit être située au Canada;
- la gestion de l'hypothèque doit être confiée à une société engagée dans l'administration de prêts hypothécaires et agréée en vertu de la Loi nationale de l'habitation;
- l'hypothèque doit être assurée selon les termes de la Loi nationale de l'habitation;
- les modalités du prêt doivent correspondre aux conditions du marché.

Le fonctionnement du R.E.E.R. hypothèque est fort simple. Vous empruntez à votre R.E.E.R. autogéré une partie ou la totalité de votre hypothèque. Votre R.E.E.R. deviendra votre créancier hypothécaire. Ce genre de prêt n'est recommandé qu'aux investisseurs détenant au-delà de 25 000 $ dans leur R.E.E.R., en raison des frais qu'il commande.

Ce service peut être offert par presque toutes les sociétés de fiducie. Il est aussi possible d'y avoir accès par l'entremise de certaines maisons de courtage ainsi que dans certaines institutions bancaires.

Le régime d'accession à la propriété (R.A.P.)

Le régime d'accession à la propriété est un programme qui permet au contribuable qui n'est pas propriétaire de retirer de son R.E.E.R. jusqu'à concurrence de 20 000 $ afin d'acquérir une maison.

Certaines règles doivent cependant s'appliquer pour y avoir accès:

- l'habitation doit être située au Canada;
- on ne peut en profiter qu'une seule fois;

· l'habitation achetée doit être occupée comme lieu principal de résidence;
· le montant retiré est remboursable par des versements égaux étalés sur 15 ans et ce, sans intérêt (à noter que si le remboursement n'est pas effectué en une année, il est ajouté au revenu gagné et imposable dans cette même année);
· pour effectuer une demande de retrait, une offre d'achat acceptée ou un contrat de construction doit être soumis à votre institution financière détentrice du R.E.E.R.

Quelques interrogations sur les R.E.E.R.

Mon intention n'est pas d'aborder en détail toutes les particularités et les caractéristiques des R.E.E.R. Je me contenterai de répondre aux questions qui me sont fréquemment posées.

Qui peut contribuer à un R.E.E.R.?

Il n'y a pas d'âge minimum pour contribuer à un R.E.E.R. Cependant, une restriction existe quant à l'âge maximum. Vous ne pouvez contribuer à un R.E.E.R. après le 31 décembre de l'année où vous atteignez l'âge de 69 ans.

Pour contribuer à un R.E.E.R., vous devez être un contribuable canadien et avoir un revenu gagné admissible au Canada.

On entend par revenus gagnés admissibles les revenus ci-dessous:

· revenus d'emploi;
· revenus de pension alimentaire;

- revenus nets de location;
- revenus nets d'entreprise.

Le calcul des revenus gagnés admissibles doit toujours se faire à partir des revenus gagnés de l'année précédant l'année d'imposition en cours.

Quel peut être le montant de ma contribution?

La meilleure façon de connaître le montant de votre contribution consiste à prendre connaissance de l'avis de cotisation que vous achemine Revenu Canada chaque année après le traitement de votre déclaration de revenus.

Chaque année, le gouvernement du Canada fixe un plafond pour le montant maximum à contribuer. En 1996, ce montant à été fixé à 13 500 $.

À quel moment puis-je contribuer à un R.E.E.R.?

Il est possible de verser des contributions dans un R.E.E.R. à n'importe quel moment de l'année et ce, jusqu'à 60 jours après la fin de l'année civile afin d'obtenir une déduction pour la dernière année fiscale.

Il est cependant préférable d'investir en début d'année afin de profiter au maximum des revenus de placements non imposables[3].

Une façon de contribuer dès le début de l'année à votre R.E.E.R. consiste à souscrire un véhicule d'épargne avec prélèvement bancaire automatique ou encore à souscrire un R.E.E.R. collectif à même votre salaire via votre employeur dans la mesure où ce dernier a adhéré à ce régime.

---

3. Les revenus sont non imposables pendant toute la période de capitalisation.

Puis-je contribuer au nom d'une autre personne?

Oui, il est possible d'effectuer une contribution au nom de votre conjoint(e). Il n'est pas possible de contribuer au nom des enfants ou d'une autre personne.

Nous entendons par conjoint(e):

· une personne de sexe opposé qui est légalement mariée avec le contribuable;

· une personne de sexe opposé qui vit en union conjugale avec le contribuable depuis au moins 12 mois avant la date de contribution;

· une personne de sexe opposé qui vit en union conjugale avec le contribuable et qui est le père ou la mère d'un enfant du contribuable légalement ou par adoption.

Voyons quelques points à considérer lors de la contribution au régime du conjoint:

· les contributions faites au nom du conjoint deviennent sa propriété;

· les contributions au régime du conjoint doivent tenir compte de la limite permise du contribuable qui cotise;

· les contributions au régime du conjoint n'affectent en rien la contribution de ce dernier à son propre régime.

Si des sommes versées au R.E.E.R. du conjoint sont retirées de n'importe quel R.E.E.R. du conjoint, le cotisant doit inclure dans son revenu un montant égal à la totalité des cotisations versées au profit du conjoint dans l'année civile du retrait ainsi que celles des deux années civiles précédentes. Cette règle peut ne pas s'appliquer dans certaines situations. Compte tenu de sa complexité, nous vous invitons à consulter votre comptable.

Est-ce que les R.E.E.R. sont couverts par l'assurance-dépôt?

La protection maximum s'appliquant aux R.E.E.R. dont vous êtes titulaire à une même institution membre est de 60 000 $. Pour être assurées, les sommes doivent être versées, en monnaie canadienne, dans des comptes d'épargne ou dans des dépôts à terme de cinq ans ou moins. Notez bien que les R.E.E.R. ne sont pas automatiquement assurés par l'assurance-dépôt. Ceux-ci doivent répondre à certaines conditions et être souscrits dans une institution membre. Alors, il est faux de prétendre que tous les R.E.E.R. sans exception sont automatiquement assurés.

Les R.E.E.R. sont-ils insaisissables?

Nous avons abordé ce sujet précédemment dans le chapitre sur l'épargne. Notons que les R.E.E.R. ne sont pas automatiquement insaisissables et que pour l'être, certaines conditions doivent être respectées (voir chapitre 11).

Comment pourrais-je retirer mes fonds au moment de la retraite et m'assurer un revenu?

La transformation d'un R.E.E.R. est une opération extrêmement importante et vous devez tenir compte de vos besoins précis, car après avoir choisi certains types de régimes, il vous sera impossible de revenir en arrière.

Au moment de prendre votre retraite ou jusqu'au 31 décembre de l'année de vos 69 ans, vous aurez à faire un choix sur la façon dont vous désirez percevoir vos rentes de retraite:

- la rente certaine
- la rente viagère
- le F.E.R.R.

 En l'absence de ce choix, vous devrez retirer la totalité de vos R.E.E.R. avant la date ci-haut mentionnée. Dans ce cas, vous devrez ajouter vos retraits à votre revenu de l'année et serez imposé à votre taux marginal. Cette avenue n'est pas à conseiller, car si vous avez accumulé un capital substantiel, vous pourriez payer beaucoup plus d'impôt que vous n'en avez économisé pendant toute la durée de vos contributions. Voyons une présentation sommaire des trois grands genres de régimes que vous pouvez souscrire au moment de la retraite.

La rente certaine

La rente certaine est généralement servie sous forme de versements fixes. Elle peut être versée de deux façons:

- à vous-même jusqu'à l'âge de 90 ans;
- à vous-même ou à votre conjoint(e) jusqu'à ce que le dernier survivant ait atteint l'âge de 90 ans.

Toutes les sommes qui ont été affectées à l'achat de la rente certaine seront entièrement versées pendant la période déterminée. Advenant le décès du ou des rentiers, les sommes restantes iraient à la succession.

La rente viagère

La rente viagère vous assure un revenu garanti votre vie durant et cesse après votre décès, à moins que vous n'ayez choisi une période de garantie. Cette période de garantie peut être basée sur l'âge du rentier ou de son conjoint, si celui-ci est plus jeune. La période de garantie ne peut excéder la différence entre 90 ans et l'âge du rentier ou de son conjoint, si celui-ci est plus jeune au début du service de la rente. Dans ce cas, la rente pourra continuer à être servie après le décès du rentier. La rente viagère peut aussi être réversible au conjoint, c'est-à-dire qu'elle ne cessera qu'au décès du dernier des conjoints. La rente viagère réversible peut aussi être assortie d'une période de garantie. La rente viagère, en règle générale, est servie sous forme de versements fixes, mais certaines compagnies d'assurance offrent des rentes viagères à revenus indexés.

Le F.E.R.R. *(Fonds enregistré de revenus de retraite)*

Le fonds enregistré de revenus de retraite est la formule qui, à mon avis, procure le plus de souplesse. Cela ne veut pas dire pour autant qu'elle soit la meilleure des formules, car les besoins de chaque personne sont variables. Le ou les choix que vous retiendrez devront tenir compte d'une foule de considérations: vos autres revenus, ceux de votre conjoint, vos besoins financiers, votre état de santé, votre taux d'imposition, votre tolérance aux risques et aux fluctuations des taux d'intérêt ainsi que votre âge.

Comment fonctionne le F.E.R.R.?

Il s'agit d'un fonds constitué du capital et des revenus à l'intérieur duquel vous pouvez retirer, chaque année, les montants nécessaires selon diverses formules. Il ressemble au R.E.E.R. dans la mesure où vos fonds sont investis par l'émetteur ou vous-même si vous détenez un régime autogéré. Notons que les montants investis dans un F.E.R.R.

demeurent à l'abri de l'impôt tant qu'ils ne sont pas retirés.

Même s'il n'y a pas de limite maximale pour les retraits, vous devez vous soumettre cependant à des règles de retrait minimum. Ces montants sont égaux à un pourcentage déterminé du solde de votre F.E.R.R. à différents âges. De nouvelles règles s'appliquent à tous les F.E.R.R. constitués après 1992.

Pour l'instant, il semble que ce type de revenu de retraite remporte la faveur du public. Parmi les principaux avantages, notons:

- la possibilité de retirer des fonds à tout moment pour faire face à des imprévus ou des situations d'urgence;
- la possibilité d'ajuster son revenu de retraite en fonction de ses besoins, et ce, tout en tenant compte de l'inflation;
- la possibilité d'acquérir une ou plusieurs autres formes de rente en cours de période;
- la possibilité d'exercer un contrôle sur ses placements;
- la possibilité de laisser à ses héritiers un capital substantiel particulièrement dans les premières années.

Enfin, même si le F.E.R.R. semble comporter de nombreux avantages par rapport aux autres formules, je dois souligner qu'il peut s'avérer désastreux s'il est mal administré par le détenteur. Il n'est pas rare que certains fonds soient à sec après quelques années. Donc, avant de vous engager, n'hésitez pas à consulter un professionnel non lié. Les honoraires que vous paierez en «vaudront la peine».

Points importants à retenir et/ou tâches à accomplir:
- À l'avenir, il faudra être de plus en plus conscient de la place qu'occupe l'épargne pour la retraite.
- La transformation d'un R.E.E.R. en revenu de retraite est une opération extrêmement importante. Consulter un ou plusieurs experts est avantageux.
- Vérifier auprès de votre employeur les conditions de votre régime de pension agréé.
- Considérer d'abord le R.E.E.R. comme un véhicule d'épargne pour préparer la retraite.
- Commencer très tôt dans la vie à contribuer à un R.E.E.R.
- Commencer en début d'année à effectuer vos contributions à un R.E.E.R.

BEAUDOIN, Lise et Michel DURAND. *Vous et l'achat de votre maison*, Édibec inc., coll. «Actif», 1994.

CAA-QUÉBEC et Michel DURAND. *Vous et votre automobile*, CAA-Québec/Édibec inc., coll. «Actif», 1994.

Code civil du Québec. Les Éditions Yvon Blais inc., 1994.

DUPONT, Élaine et Huguette GAULIN. *Le guide de la consommation*, Les publications du Québec, 1988.

LATERRIÈRE, Gilles et BERTHELOT, Maurice. *Une proposition d'étude, le crédit et l'endettement chez les consommateurs québécois.*

NADEAU, William André et François PROVENCHER. *Planifiez avec succès vos revenus de retraite*, Édition M.C.M., 1992.

PICHER, Claude. *Guide pratique des finances personnelles*, Les éditions La Presse ltée, 1986.

PROMAUTEUR INC. *Guide pratique de la rentabilité et la rrospérité personnelle et familiale*, Les éditions du Nouveau-Monde inc, 1983.

SAMSON, BÉLAIR, DELOITTE ET TOUCHE. *Comment réduire vos impôts*, Les éditions Transcontinentales inc., 1993.

PARENTEAU, Benoît. *Compétences comptables et financières, programme de formation de l'Institut 1uébécois de planification financière*, novembre 1993.

ASSOCIATION DES INTERMÉDIAIRES EN ASSURANCE DE PERSONNES DU QUÉBEC. *Planification financière personnelle*, Cours de formation niveau III, A.I.A.P.Q., 1992.

ASSOCIATION DES INTERMÉDIAIRES EN ASSURANCE DE PERSONNES DU QUÉBEC. *Cours de formation niveau I*, Éditions A.I.A.P.Q., 1991.

LATERRIÈRE, Gilles et BERTHELOT, Maurice. *Une proposition d'étude, le crédit et l'endettement chez les consommateurs québécois.*

RÉGIE DES RENTES DU QUÉBEC. *Le régime de rentes du Québec*, 1994.

SOCIÉTÉ D'ASSURANCE-DÉPÔT DU CANADA. S.A.A.C. information, 1994.

LA BANQUE ROYALE DU CANADA. *Le budget*, Banque Royale du Canada.

LA BANQUE ROYALE DU CANADA. *La retraite*, Banque Royale du Canada.

BULLETIN S.S.Q. SSQ VIE, 1994.

BULLETIN S.S.Q. Lois sociales, 1995.

Je désire souligner de façon toute particulière la contribution de mes proches tout au long de la préparation de cet ouvrage. Si ces personnes n'avaient pas été présentes, je n'aurais certainement pas pu mener ce projet à terme.

Merci à tous mes collaborateurs:

Coordinatrice	*Aline Verreault*
Correcteurs	*Thérèse Hamel, Guy Chicoine et Nicole Marcotte*
Traitement de textes	*Isabelle Demers*
Illustrations	*Karine Fillion*
Lecteurs	*Solange Pelland, Benoît Proulx, Linda Bérubé, Michel Yelle, Michel Simard, Raymond G. Paquet, Lise Dion, Jasmin Therrien et Claire Castonguay*

À vous tous encore une fois merci de votre précieuse collaboration.

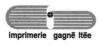

imprimerie gagné ltée

IMPRIMÉ AU CANADA